点亮心灵
家庭教育十人谈

Light up the Mind

Ten Forums on Parenting Education

杨雄　主编

上海人民出版社

编委会名单

让家庭教育回归生活

杨　雄(代序)

家庭教育要回归生活、回归常识，我非常认同这一个理念。作为一名社会学研究专业工作者，我做青少年研究30多年，我个人觉得，现在家庭教育不仅仅是 family education，我愿将之译成 parenting education。当然，“家庭教育回归生活”这个主题我觉得非常恰当，在我们这里讲家庭教育，而在美国一般是指“家庭生活教育”。2017年我们上海社科院社会学研究所课题组做了一项调查，主要通过对上海6 000个家庭问卷调查，分析父母对孩子的教育期望如何影响到家庭教育及学校的差异。我把这项研究的一些主要结论与读者一起分享。

首先介绍一下该研究之理论背景，我们的理论假设是，教育期望是如何影响到我们的家庭，影响到我们父母对孩子的家庭教育态度行为。教育期望的第一个假设是，家长对孩子的教育期望高低会直接影响到孩子的健康成长。教育期望可以说是家长对子女未来教育程度和学业程度一种理想的愿景。若拿上海的教育和北京教育做比较，与湖南比较，上海教育受到海派文化影响较大。上海教育特点是教育信息化、教育国际化理念较为发达，上海教育经常是对标国际。我们的研究仅限对上海

6 000 个家庭观察，主要假设就是教育程度越高的父母，对孩子的投入也越大。

我 2018 年到英国，这次去发现一个非常大的变化，即在英国大学里面，发现有很多中国老师，英国引进了不少中国教师，又引进了大量中国留学生，结果在英国大学城里出现中国老师在教中国学生。 大概由于经济原因，英国现在越来越多青年人不愿意去读学位，学位对英国家庭来说，并不像我们中国家长教育期望那么高，我们大多希望孩子能够达到研究生学历，研究发现，越是学历高的家长，越是希望自己的孩子读到研究生，比例差不多一半以上。 中国基础教育比美国、英国更好，英国进口了上海教材。 说明中国基础教育训练远比西方国家扎实。

我越来越觉得，中国的教育是有希望的，因为有那么多家长，特别是 70、 80 后的家长开始关注家庭教育。 现在的孩子起点很高，越来越聪明。 所以我们中国是大有希望，每个家庭，家长们教育期望越高，对孩子培养投入精力、时间、金钱越多的话，那么这个国家未来的竞争力就越大。 但是我们的家庭、家长期望不能太狭窄，不能仅仅是关注孩子的学习成绩与升学考试。 更要关注孩子的生活能力、身心健康。

再回到我们讨论的议题，基于我们传统儒家文化系统里对子女教育一贯是重视的，导致我们研究的第二个假设，就是“影子教育”对社会、家庭影响很大。 什么是“影子教育”？通俗地讲，在家庭教育的具体体现，就是家庭补课行为。 这个在日本、东亚文化圈里同样如此。东亚文化圈家庭中，“影子教育”都是非常厉害的，并不是中国的家庭有补课，在越南和韩国、日本的补课现象，甚至还超过中国。

“影子教育”越发达，家长投入就越多，家庭教育期待也越大。我们必须深入研究：是什么影响我们的教育期望？是什么因素影响“影子教育”？是什么关联到了我们家庭教育的质量。我们的调查包括义务教育阶段家长教育希望的现状，教育补习的现状以及学校选择的类型等。

2018年上海实行了公民同招。幼升小阶段均开始实行高位均衡，势必会导致以下结果：比如一所民办学校招50个人，有500个人报名，那剩下未录取的450个学生如何选择呢？进入摇奖摇号就近入学？还是采取其他办法？有家长认为你既然选择了民办学校，已经做了第一次选择，那你第二次选择就得排到后面。这样才能体现公平。现在有很多家长不知道怎么选择，为此十分焦虑。但是我们的主导理念就要打破以往的“择校”现象。教育公平政策第二步改革，则是在小升初阶段。即将全市示范性高中名额50%—60%下沉到“家门口”公立初中。假如你选择初中上民办学校，那么初中择校这部分学生，你将来得参加“裸考”。这样一来，大部分家长困惑了，我到底读民办学校还是公立学校？因为将来大部分名额将直接下沉到普通公办学校。这其实也是从政策导向上，体现我们的教育公平。

即便如此，家庭教育期待在事实上“应试教育”尚未重大突破的背景下，择校依然是很多家长心中的一块很沉重、艰难的选择。从家长期待可以发现，总体上我们的家长尤其是发达城市的一线家长，对孩子读到研究生的比例是伴随着孩子的年龄增长逐步的凸显。

我们的研究还发现家长收入、家长学历与他的教育期待是成正比的。许多家长梦寐以求希望孩子能读到大学、研究生，这就是现实。从经济社会学理论来说，收入越高，家长教育期望也越高，上海不少中产阶层衣食无忧后，现在开始拼孩子教育，即便他自己很成功，也要将精力放在孩子的比拼上。

从大数据来看，家长学历越高，对孩子期待越高。而从职业分层来说，社会地位越高家长对孩子的期望也越高。因此无论从收入、文化角度、社会地位说，都呈现正反馈的。数据不过再次证明了这一点，反向显示得到同样结果。除了教育期望，再来看看“影子教育”，尽管教育部、上海教委都明确反对教师在课外补习，一旦发现，一票否决。但补课现象却越来越多。一方面我们把奥数在义务阶段跟入学挂钩“打叉”。但实际上，补奥数家庭依然很多！我们教委一直在说要减负，让孩子有更多自己的时间，反而是家长反对减负。哪个学校“加负”，就往哪个学校挤。

按照我提倡的“有机教育”理论，我认为学校教育是学校的事，家庭教育应该回归家庭。家庭教育要按照种粮食、种蔬菜遵循的规律，回归自然教育。教育是农业，而不是速成工业。时下我们家长都希望孩子吃没有污染的、绿色食品，不吃反季节的蔬菜，那么家庭教育也应该按照顺应天时、符合人性的教育方式，来养育孩子。 我提倡“有机教育”，不提倡“无机教育”。 有机教育是一种慢教育，一种符合儿童天性发展、身心规律的教育。 更注重日常的生活教育。 在美国，家庭教育也更强调的是生活教育。

研究表明，家长的教育期望往往会转化为对孩子学业行为的干涉。 在补课问题上，我们时下情况依然令人担忧。 无论从家庭状况、社会地位、户籍来看，“影子教育”依然存在。 即便在上海，无论在小学、初中、高中阶段，仍然有七成孩子参加课外补课。 当然，补课不光在中国补课，在美国也同样补课。 我在英国同样看到我们的中国妈妈，背着小提琴，拿着课本去赶着孩子补课。

我曾在上海做了一个讲坛，有四个嘉宾，都是爸爸。 突然发现，爸爸们焦虑反而更少，尽管爸爸们也会有焦虑，但更焦虑的大多是母亲。 在教育孩子问题上，往往父亲比母亲更加幸福些。 目前中国妈妈太焦虑了，甚至连保姆都焦虑。 我有个朋友，是节目主持人，她看了我倡导的有机教育理论后，她决心让儿子从小过一种独立的、自由的生活。 结果快到幼升小时，连家里的保姆也忍不住对她说，我们家的瑞瑞是不是也应该去外面补补课。 这就是女性的焦虑，母亲的焦虑。 在我看来，家庭教育不应该将重心放在督促自己孩子整天做功课、到外面去补课。 而应该加强孩子的生活教育，鼓励孩子先“成人”，然后才“成才”。 提倡大家静下来、慢下来，做父母的不要太焦虑。

身心健康对孩子是第一位的。现在出台全面两孩政策，上海常住人口出生率也才 1.5 左右。按照教育人口学观点，一般认为两个孩子比较好。独生子女整天和父母住在一起，从小缺乏同伴，会影响到他个体社会化。现在关键是，我们如何做父母？怎样才是正确的选择。我主张家庭教育应该回归生活，教育应该更加公平，但是，这还有待我们家长支持。专家讲得再好，校长执行再好，家长不支持，终究一事无成。

前不久我在《光明日报》提出应该区别家庭教育和学校教育间的边界和功能。我要再强调一下学校教育不能替代家庭教育。不久我们的高考将打破文理分科，数学难度将可能下降；英语还可以有两次考试，难度也可能会下降。剩下语文重要性就被凸显出来了。因此，回归家庭教育，某种意义上讲，就是回归“母语教育”。以往，过于突出理数外，母语教育缺乏了一点。总之，如何培养孩子？我认为未来家庭教育，无疑应该更加重视阅读、体验，让孩子行万里路，看万卷书。让家庭教育真正回归生活，让我们的孩子更加快乐、独立地成长。

（本文系作者在 2018 年湖南家庭教育论坛上的演讲）

目　录

换种视角来学习

吴遵民等

专家介绍（从左到右）：上海电视台知名主持人　骆新

上海社科院青少年研究所所长、中国家庭教育专业委员会副理事长　杨雄

上海市静安区教育学院附属学校特级校长　张人利

华东师范大学终身教育研究中心主任　吴遵民

上海市育才中学特级校长　陈青云

骆新：习近平总书记提出千千万万小家庭组成了国家发展、民族进步和社会和谐的重要基点，千千万万的家庭梦成就了千千万万的中国梦。政协副秘书长朱永新说过，在所有优秀孩子身上几乎都有他们父母的烙印，在所有问题孩子身上也可以找到他们家庭的原因，有了问题怪学校是不对的，有了成绩和功劳全归到学校也是不对的，家庭远远比学校重要得多。因此在经济发展和社会结构变化的当前，家庭教育呈现很多新特征，面临新挑战，这项社会工作不仅仅发生在家庭内部，更需

要学校和具备社会责任感和有能力的社会组织参与，所以我们家庭教育论坛邀请到各位在这方面有思考的知名学者、教育专家和大众明星共同探讨有关家庭教育的问题，帮助家长答疑解惑。今天是我们今年第一场。

新中高考的目的

接下来我们进行今天的主题论坛，探讨的是新高考和新中考，特别在2020年之前要全面落实的考试制度，我们都知道，中国的青少年有一个巨大的压力，就是他们不断要经受着考试的折磨，不过考试目前看起来还是对社会人才选拔最公平的方式，精英一定是靠选拔出来的。但是也有人说，考试也会给我们带来很多的伤害，所以国家希望在这方面做比较重要的改革，比如做了新中考和新高考的方案的设计，我们家庭应该如何应对呢?

张人利：初中升高中的变化主要是两方面，一个是体制机制的改变，一个是教学和评价的改变，体制机制的改变以后主要就是用三个办法录取学生，第一个叫提前录取，第二个是名额分配综合评价录取，第三个是裸考。以后的示范性高中当中最大的一块是什么？是名额分配到校，然后是综合评价录取，占到整个示范性高中50%—60%。这是什么概念？就是没有必要过度择校，因为择校了就不合算了，所以今天这些话必须跟今天的小学生讲明白，为什么？你以后要选择。

骆新：张老师已经说了，我们以后名额会提前分配给学校。哪怕你去一个特别好的中学，分配名额也是很有限的。

张人利：另外，小学生特别热门的所谓的奥数，明确告诉你取消了，不是不计分，是取消了。

吴遵民：奥数本来就是祸害。

张人利：这话我不大同意。

吴遵民：为什么说奥数是祸害，我举个例子来讲，世界上最难的学科是数学，陈景润的老师跟他讲，数学的皇冠是哥德巴赫猜想，陈景润全部身心就沉浸在他这个猜想中。事实上，真正的数学家是极少的，而且通过奥数成为数学家是几乎没有的，它只是变成了中国高考或者中考的敲门砖，绝对不仅是祸害，简直是误导……

骆新：吴老师说得越来越激动，脸都红了，张老师说他不同意。

张人利：我读书的时候就是上海市奥数冠军。

吴遵民：你也没成为数学家。

张人利：数学奥数本身是件好事，但是它目前存在三个弊端，第一是低龄化不好，没有这么小学奥数的，我参加奥数班是高中。第二是大众化不好，奥数是少数人的游戏，不可能人人都会喜欢。第三是功利化不好，它变成了一个敲门砖，那就有大问题了，所以不是奥数本身不好，而是我们这三个倾向不好。

吴遵民：这叫回归奥数本源，有兴趣地学。不是奥数本身是祸害。

杨雄：这个我也同意，我的朋友说过奥数是黄赌毒。但是最近我们内部有个调查，虽然一方面国务院教育部出台了取消奥数和中高考成绩挂钩，但是另一方面，学奥数的人没有减少反而增加了，这是什么道理？当然这是一个教委应该值得重视的倾向，就是说一方面我们大张旗鼓地反对奥数和成绩挂钩，要体现教育公平，不要误导子女。但是潜在的我们用教育的闭合理论来说，家长圈里会认为你不学我学，在未来面试会胜出，面试的时候我学过奥数，校长就会下意识地喜欢，尽管它不挂钩，但是如果他学奥数学了确实有兴趣，确实很好，他还是得分的。当然我不同意没有兴趣家长硬塞给孩子学，如果某个孩子他确实很喜欢奥数，那就不要扼杀了一个天才。

骆新：您觉得现在的家长其实还是为未来长远考虑的，少一技不如多一技，至少我学过。陈校长，您是教高中的，现在您发现您的学生当中是不是还有继续学奥数的？

陈青云：高中阶段毕竟只有三年，三年之后他要面临高考，所以他的时间、精力都是非常有限，等会儿我们论坛深入下去，大家会看到综合素质评价对研究性学习、对社会实践都有很高的要求。这种情况下我们学校真正钻研奥数、钻研竞赛的学生并不是很多。相反我们鼓励学生去修一些荣誉课程，修一些大学新修课程，组建一些学术类社团，希望他的高阶思维在高中阶段得到很好的激发和培养，这是我们鼓励的，并不是说现在很潮流都蜂拥去搞，在高中现在不明显。

骆新：您学校中鼓励的社团或者某些学科，挑三个您认为是高考不需要但是您特别鼓励的。

陈青云：高考不需要但是我们特别鼓励的，其实主要还是一些对学生未来发展有利的，我们开展研究性学习的项目，比如说我们的机器人，我们叫“畅想者联盟”，这是我们一个社团，它背后有很多机器人的知识竞赛比赛活动在里面，对学生的动手能力培养还是非常好的。再比如说我们学校的哲学社，我们是上海市十大理论社团之一，一帮哲学爱好者畅谈哲学，研究很多的东西。我觉得它尽管和高考似乎没什么关系，他们搞模拟联合国、模拟政协，都是通过他们搞起来的，对于活跃学生思维也是很有帮助的。再比如我们学校的非遗文学社，我们校报编辑、电视台基本上都是由他们来承接的。在这个过程中对他们的锻炼，不是高考分数或者我们平时考试的分数能够体现出来的，你可以在未来看到孩子的不一样，他的成熟，他的睿智，他思考的深刻，就是通过这些活动，通过这些参与，通过他的组织和策划培养的，这也是我们大力提倡的。

骆新：这是我们今天探讨新中考新高考的目的，前面老师已经帮我们做了特别好的开场，无论是从奥数开始，还是比如说谈到在学校当中哪些不是跟应试有关的，但是要去鼓励的。回到我们今天的主题，这次新中考、新高考很多内容，在座很多家长跟我一样，还不是特别清楚，我对新高考有点理解，但是新中考确实不太理解，有哪些不一样？能不能每个人向我们说一下，这次新高考新中考跟原来的本质区别是什么？

新中高考新在哪里

吴遵民：我对新高考有一点体会，因为我儿子去年正好经历了高考。我非常赞成新高考，它对原来的高考有了重大的本质的转变，第一，文理不分科，比如说我现在带博士生，我的博士生中文我不好论文一定不能过，我经常说你语文怎么这么差，他说老师我英文好，我说这里不是美国，你英文好有什么用。很多学生把时间荒废在读外文上。文理不分科是因为即使你学理，你也得写很多研究报告，你也要有非常强的逻辑概念。

第二，打破了我们唯分数论。什么是唯分数论？我们以前分分必争，大家为了一分拼红了眼。现在搞等级考，当然等级考还是跟分有关，不过总的来讲，总归有了缓解的余地，从A+、A、B、B+，每一个等级3分。当然我也要指出，很多朋友以为我不得A，不得A+就死定了。真的就在我儿子去年复旦附中就有一个女孩子第一次考生物，考了B+真的跳楼。我陪孩子去交大面试的时候，有很多孩子全是B和B+，但是他后面三门总分发力，照样进了上海交大，所以千万不要为了一个等级考搭上了自己的生命，这是不值的。等级考是为了减缓分数的概念，是把主动权给了孩子。比如六门高考必考中，可以自由组合选择三门你认为比较有意思的喜欢的，当然各位朋友，这个我只能说，你如果完全没有限制考你所谓的最容易的，比如说政治最容易，或者地理、历史，但是你考的专业非常有限。你要考你中意的，比如说同济大学建筑系、复旦大学医学院，那你化学、物理这些是必考无疑的，所以你首先要考虑你的兴趣何在，如果你胸怀大志，一定要追求我们觉得比较难的专业。

第三，英语的一年两考，取最好成绩，这个并不加重负担。因为有一年是高中会考，它跟英语的第一次考试是放在一起的，你不过会考一个小时，你加一个小时，两个小时英文就有了第一个成绩。而且根据我的经验，第一次考试是一个很好的机会。我儿子第一次考试127分，他不满足，他说我再努力，还有半年，我会拿下130分，第二次考居然得了124分，为什么？出题老师就这样，第一次给你一点甜头，不能让你考倒了，第二次再出得难些，所以第一次千万千万不要放弃。

第四，综合素质招生。简单说你第一次考试必须要满足一个分数线，上海的综合素质招生主要是九所学校，综合素质招生有一个面试，复旦大学面试有五个教室，每个教室跟你面谈15分钟。上海交大是两个大教室，分文科和理科跟你谈。这个面试占30%的分数。你的总分的60%是高考裸考分，10%是合格分，30%就是看你高考面试分。这就是刚刚我们讲的，什么叫你的兴趣？这个时候奥数有用处了，如果张老师是面试官，他一听你学过奥数不用说了，录取了，这个是有点运气成分的，你不知道这个老师是怎么样的。

骆新：有道理，老师是临时抽的，你不知道哪个教室会有谁。

吴遵民：所以作为学生要有非常多的兴趣爱好，这样成功的概率就高了些。

张人利：实际上我们国家的教育优势和国外一些发达国家的教育优势是错开的，并不是我们特别好人家特别差，人家特别好我们特别差，不是如此，我说的是基础教育。例如像英国到现在为止，他就要我们的老师去上课，英国开始用我们上海的教材，基础教育的数学我可以说全世界没法跟我们比，这就是我们的优势。为什么？我们是知识体系的学习，这有什么好处？不会遗漏，不会重复，系统性强。国外的学习是主题学习、项目学习，好处是解决问题能力强，创新能力强，但是知识容易遗漏，甚至容易重复，知识的系统性不强。所以这次中考改革，我们既要考虑我们国家一些优势，又要考虑怎么学习发达国家的优点。比如说我针对我们的弊端，明确找出“六个多六个少”。

第一，是老师讲学生听的方式太多，独立学习合作学习的方式太少；第二，是文本学习太多，实践性学习太少；第三，接受性学习太多，研究型、探究型学习太少；第四，单一学科太多，跨学科太少；第五，知识系统学习太多，项目学习、主题学习太少；第六，刷题太多，参观、辨认、交流太少。刷题不是不要，但是太多了，就起反作用了。

中考改革某种程度上试图扭转这些弊病，例如有一个综合评价，这是从来没有过的考试。综合评价依据什么呢？我们以后15门课都要考，7门是计分学科，8门是非计分学科，非计分学科在综合评价里就要出现了。例如，我们学校像劳技课、计算机课、社会课就不是一个知识的系统学习，完全变成了项目学习、主题学习，希望我们的学生不但能发扬我们国家的教育上的一些优势，而且要能够学习国外的一些好的东西。例如像过去引进STEM课程，这种课程是很好的方式，他是有研究性学习、主题学习、跨学科学习。但是有一个问题，我们跟国外的所有交流几乎都是理工科，文科交流很少。STEM课程多了一个艺术，我们现在教育部已经发文了，要进行综合实践活动课程，但是要把文科放进去，要把社会放进去，要体现中国的文化，那就不一样了。

骆新：谢谢张老师，张老师给我们做了非常详尽的六少六多的讲解，这真的是我们教育现在出的问题。我们听听陈老师的，我知道育才其实是高中，现在就是这个问题，在新教改情况下家长该怎么做？这次新中考和新高考以后学校发生什么改变了？学校应对现在新的考试方式，有哪些地方做了调整？

陈青云：刚刚吴老师是从大学角度讲的。我要反驳一下吴老师，从我们高中角度来讲，我们思考方式、思考维度和大学是完全不一样的。首先刚刚吴老师讲文理相通，是这次高考改革一个比较大的变化。其实以前我们语文和英语就是一张卷子，只不过数学有文科卷和理科卷。以前我们是3+1，现在是

3+3，以前3+1你选语化生就是理科，政史地就是文科。而现在这3门无所谓你选哪3门，你可以部分文部分理，也可以全文全理，所以没有办法分文理卷了，就是一张卷子了，以后也不分文理科了，就是这3门。学生+3学科的选择就很有门道。从高校来讲，他们好像是欢迎这样一种方式，实际上对我们高中来讲很困惑。一开始为什么要搞成等级赋分，分成ABCDE五级十一档，每档是3分，这样拉开差距。一开始为什么要搞？因为学生现在可以选部分文也可以部分理，文理科性质不一样绝对分值不一样，如果绝对分值直接加进去对于选文的学生实则不公平。所以等级赋分看似公平了，但是没有想到，我们现在带来了更大的问题，选择每一个科目的学生群体不一样，可能只是这个群体的学生基础是很好的，但是不管他是好还是不好，我们都是分成ABCDE。

张人利：过去这个问题解决了，比方你学物理、学化学，这两个是不相等的。调整依据两点，第一点依据是今年考试本身的难度，第二个是什么？就是语文数学，就是选物理的语数外总分和选化学的语数外总分哪个高，他的基本假设是语数外成绩高的成绩应该高，语数外成绩低的成绩应该低，以这个来判断，两个曲线然后做调整，这实际上已经克服了选物理和选化学的差距。但是现在是3+3，这个问题大了，为什么？这个评级和大家的能力怎么会一样呢，同样一个A，不是一个群体的人，就要凭运气了，你这个人到底选哪个。如果你选物理的人都差，你合算了，你选化学，化学都好你倒霉，明白了吗？

骆新：博弈当中包括他选的人群之间的博弈。

张人利：现在客观情况是选物理的人多，我是教物理的，大学都喜欢物理。最奇怪的是复旦的哲学系必选物理，但是选物理的人又大都是成绩好的人，这样焦虑也相应更多了。

陈青云：应该这么说，因为这样一些原因，我觉得要提醒我们家长，我们把孩子送到高中就是希望他考一个好的大学。我们这种 3+3 的设置是在学生全面打下各种基础的条件下培养学生的特长。家长就从纯功利的角度，我先把敲门砖拿到，先进大学再说。比如说我的目标是考复旦大学，我如果不报物理的话，这 N 个专业我是没有办法进的。但是我如果选了物理的话，我可能连复旦大学门都进不去，所以很多家长不报物理了。这个现象在我们学校也是比较明显的，叫作断崖式的跳水，很多学生不选物理了。在 2020 年，我们会有一个高考的完善方案，全国所有的高校一共 506 个专业，会提供选科指导意见，而且对一些特别的学科，好像现在是说理工农医这些学科，是必须要选物理的，因为涉及祖国未来的发展，我们国家这样一种大政方针。刚刚张校长讲到 STEM 课程，我们为什么要搞 STEM 课程？就是因为在国外，我们看到 STEM 课程搞得越好，从事 STEM 领域的人才越多，这个国家经济发展越好。所以我们也在大力开发推进 STEM 课程，我们不会因为高考政策导致学生不选物理化学了，这是不会的，这个问题我觉得在未来会得到很好的解决。

目前的高考和原来的高考最大的变化是我们高校两条分数

线，文科一条，理科一条，而且是专业大类，每个专业组规定只有选什么学科才能够考，专业组下面对应若干专业去选，所以高中要提前开始生涯规划的指导，家长从高一就应该关心孩子现在选什么科，这就意味着未来选什么专业组，意味着最后选什么专业，从事什么样的职业，他不只使你的人生有了规划，而且让你现在有了学习的动力，有了学习的目标，这对于每个孩子来讲是非常重要的。

张人利：过去要分层，现在不叫分层，新高考叫分类，这个问题我认为是很关键的。例如我们一个学生，他当时考进的是华师大，但是这个分数华师大不能进好的系，学了社会学，实际上他很喜欢数学。他出来以后，到我这里要做数学老师，因为专业不对口，有点困难，当时如果他读的是上师大的数学系，肯定没问题，因为相对来说比较对口。所以更重要的是选类，比选学校更重要，这是新高考强调的，你今后想干什么事要想想明白。

点亮孩子的心灵

骆新：刚才听了半天，我跟很多家长想法是一样的，以前是一考定终身，分虽然不好，但是有时候淘汰的过程中，起到了相对的标准作用。现在用了这样的大分类、分科和素质教育，种类越来越多，反而越来越找不到方向了。这个考试究竟是分得越细越好，还是相对之下再笼统一些，标准相对单一一点？

杨雄：刚才代表高校、初中、高中的老师发言了，我觉得他们发言很好，我也发表一下观点。不管是分层教育还是分类，行行出状元，主要是看你个人的兴趣和社会的需求，这是大的方面。

在新高考、新中考背景下，我们要平缓一下家长的心理，因为中国人多，特别是北上广深，最好的资源、最好的学生、最好的家庭都在一起竞争，所以才会有那么多分层。新中考和新高考的目的是要平衡公平、正义与效率的关系，因为我们优质教育资源毕竟还是稀缺的。但不要非常盲目地把孩子束缚在新高考、新中考的对策里面，这不是我们设置这样一个制度的理念或者是根本问题。我们的根本问题教育是要点亮孩子的心灵，而不是把孩子的大脑给塞满。

骆新：我理解您的意思，我有一个朋友叫郑也夫，也是社会学家，他以前写过一本书叫《问诊中国教育》，他提出一个概念，今天我们设置这么多考试，关键是为什么人们还在不断搞知识竞赛，因为我们对人成功的标准太单一，全军万马过独木桥，最后哪怕你扩招了，这个问题同样存在，因为还分“985”和“211”，还得分哪所学校更好。所以无论再怎么扩招，人们由于在前期分流不够，不能做到根据他个人兴趣和特长上学，他不一定要上著名的大学，甚至连大学都不上。

杨雄：英国很多孩子不一定要上大学，他完全按照兴趣发展，他的发展阶段是不一样的。当然中国有中国的国情，中国毕竟人口众多。上海考生最少有一万，我在河南讲课，河南最多一百万，上海孩子非常幸运，上海有那么好的学校、老师。前几年，我再次访问英国，发现时下英国很多孩子不一定想上大学，这种情景与我们差异较大。英国似乎已过了“文凭本位”阶段，孩子可以按照兴趣发展。而我们发展阶段不一样，中国有自己的国情，我们仍是发展中国家，教育资源区域差距较大，大学生占整个人口比例还很低。这就是我们的国情，我们目标是希望教育公平又优质发展，让广大普通家庭孩子接受更好的教育，但要实现这一目标的路还很长，需要整个社会、家庭、学校共同为之努力。

互动空间：

提问者1：我想问一下，我们正好碰到2020年的中考新政，我非常想了解对于初中来说，学校对于新政的准备，可能家长是在准备，但是九年义务教育，对于老师方面或者学校方面，对于新政的准备是不是已经做好了，或者说是民办或者是公办学校，他们能分配到的资源或者准备够充分么，我们怎么选择或者怎么理解，谢谢。

骆新：她的问题很重要，当你谈到素质教育，当你谈到3+1变成3+3，学校相应配套资源就要足够，否则的话3+3又变成了一次新的择校热。

张人利：你提了学校的问题，我可以说昨天我一天都在奉贤，四个初中共同在商量怎么应对中考制度改革。我举个例子，我们学校开课，要适合主题学习、项目学习、跨学科学习，这种东西我们老师过去也没经历过，过去也没这么教过。如果没有这样的老师，怎么培养学生呢？ 问题大了。 我们学校实际已经搞了两年了，两年之前，我出钱叫人家到我们学校来上STEM课程，这不是给我们学生上，我们组织了近20个老师观看，然后我们再组织老师讨论，建立自己的主题。 我们学校这种课已经在开了，所以这是要有一个培训过程的，老师有培训过程，学生也有培训过程。

骆新：其实你采取的是老师来教育老师的方式，比如STEM课程专门有老师再来培训老师。 陈校长有没有这样的准备？

陈青云：其实高中挑战更大，我们有了综合素质评价之后，每个学生要参加一个月学习，要完成一篇高质量的研究性学习报告，而这个报告要第三方认证，我们背后有二百多个大学教授，学生提交材料以后进行二十分钟的视频答辩，然后给他写评语，直接提交到综合素质平台，这是非常重要的一环。像我们学校有学术委员会对他的真实性进行认证，有指导老师对他的学术性进行评价。 所以我们学校充分挖掘家长还有我们校友的资源，让我们在高校工作的家长、在科研机构工作的家长做我们学生研究性学习的导师，然后给我们学校学生提供社会实践的单位。 因为我们学校现在操作是这样要求的，除了高一的学军、高二的学农之外，在高中阶段要完成60个课时的社会实践，走出去还要接触社会。 这个社会实践是凭他的学籍卡到这个社会实践单位刷卡计时，一点不能敷衍，综合素质评价也是诚信教育的一个非常重要的方面。我们学校现在有十个定点单位，图书馆、医院、养老院、社区等，我们学生基本上每一个双休日和寒暑假都扑在社会实践上，因为我们是要求他们在高二结束之前，必须完成研究型报告和社会实践，所以学校会充分地调动我们所能调动的一切资源，保证学生能够完成他的社会实践。

中考在改，高考在改，所有全国高中新课标、新教材，2018 年、2019 年全部推出。而整个新课标、新教材是完全不同的理念，我们课程将分为三类课程，必修课、选择性必修课、选修课三类课程，所以说他整个课程的维度都不一样，所有课程标准指向的是学生的核心素养。第一个关键能力，第二个必备品质，第三个价值观念，所以说今后靠刷题完全不行。

现在我们语文、政治、历史是由中央统编教材，上海已经没有这三门学科的编撰权了，其他学科我们可以编，但是必须按照全国的标准，整个发生了非常大的变化。所以关键能力是最重要的一个方面，要强调对学生的品质培养和价值观念，他要考你的价值观念，所以我们说立德树人，在这里都有一个非常系统的体现。拿语文来讲，都是八大任务群，其中一个是整本阅读，要求孩子整本进行阅读，读一篇经典名著，读一篇学术论文，读一本科普著作，所以对我们老师挑战是非常非常大的，以前我们都是一篇文章，现在是一本专著，这怎么教怎么考？所以，我们市教委组织所有的校长和教研员进行三天培训，接下来马上已经全部排开了，所有老师全员培训，针对新课标、新教材的培训。所以说家长们不要担心，市教委有这么一个大的政策下来，一定会有配套的措施。新高考2014年刚推出的时候，我们觉得比较焦虑，因为配套资料不全，走一步看一步。但是走到现在，越来越规范，越来越完整，要求越来越高，所以对家长和孩子来讲，是机遇也是挑战，你们面临着新高考，又面临新中考，又面临着新课标、新教材，一切都是新的。但是要相信，所有新都是有利于人才的培养，人才的成长，有利于你们孩子成才的。

提问者2：非常感谢专家们的精彩点评和解说，我感觉新中考、新高考政策出来之后，教师的指挥棒舞得已经非常快了，我想请教的一个问题是，我们家长做一个新的宽厚基础的培养，我们要想进一所比较好的学校，现在的学校对学生有什么要求，有什么意见和看法，能够为我们家长提供一点指导。

张人利：现在的中考制度实际它的导向就是希望择校降低，今天的中考制度改革机制上对着的就是上海市示范性高中，因为它是最热门的。中考制度把好学校的名额分到各个学校，办得好和办得不好的学校都是按比例拿名额，择校的意义不大了。

吴遵民：张老师讲得很清楚，我是一个家长，我非常明白家长的期待和焦虑。孟母三迁，我们不知道教育本质是什么，我们现在把教育本质看成是分数，其实教育本质是让你孩子成为健康健全的人，比如他尊老爱幼，对我们国家民族有强烈的责任感、使命感。很多孩子他分数越高他越自私，所以才有精致的利己主义者一说。刚刚张老师说了，他目的就是不让你择校，你择得太厉害了以后，就有权钱的弊端，要想尽各种办法，而且孩子很痛苦。

提问者 3：各位老师好，我想问一个问题，因为在中学的时候我们要学的是历史，在历史这一方面因为如果是中考或者是在高中学习的时候，历史是他自己有学校的积累，但是如果在那种很重视的考试里面的话，历史里面是书里面的知识多，因为历史这种东西它是要自己去很重视，要去积累很多东西的，我想问一下考试的时候，自己积累的历史的知识多还是书上积累的历史知识多？

骆新：自选动作和规定动作哪部分压力大一点。

张人利：远远超出我的意料，五年级的学生第一个关注的不是语数外而是历史，其实历史问题不是我们国家的问题，任何国家都重视自己的历史，这没什么可说的，所以上海增加历史完全有必要，而且是越小基础部分越大，像初中基础性的 15 门课全部考，到了高中就是 3 + 3，到了大学就是专业，但是底子打得越大，"房子"建得越高。至于历史是这样的，初中一共是 60 分，60 分当中 30 分是学校评的，而且明确要求不拉开大的差距，只要全部参加学习，做好作业，这 30 分就有了。还有 30 分要考的，全市统一考试，但是有可能是开卷考。正因为这样，他注重的可能还不光是知识，光有知识不行，所以不是书本知识、课外知识的问题，关键是能力，你有没有这种运用历史的方法分析问题的能力。

骆新：比如说敦刻尔克，我们在法国专门看过法国的中学课卷中提过类似的问题，如果当年希特勒让他的陆军加快进度，把这32万英国士兵和14万法国士兵全部包括了，你认为现在的英国是怎样的，如果拿破仑没有在滑铁卢输掉战争，未来的欧洲是怎样的？

张人利：你去看一下，不是说将来的中考，现在历史也考的，只是不计入总分，以后要计入总分。我虽然不是教历史的，我看了历史考题，不是那么容易，蛮难的，要有一定分析能力，没有分析能力没法获得高分的。

提问者4：非常感谢主持人，也谢谢各位教授和专家，刚才我们很多专家都在谈高考改革，我们中考也在改革，我们几个专家是不是可以预想一下，我们未来改革趋势是否有可能变成2+X呢？为什么这么讲？因为现在英语对很多人讲只是一种语言工具而已，我并不是靠英语吃饭的，英语是不是可能变成选修课？如果变成+X，我们刚才陈校长也讲了，我也看了相关的资料，以后所有的专业+3不是随便加的，比如某些专业必须选生物，没有选生物这个专业不能选的。有些专业可能需要两三个或者四个作为专业基础课，我们是不是可以预想一下，将来高考改革是不是会变成2+X？因为我在大学的时候做了一个调研，问师弟师妹们为什么选择现在的专业，是因为真喜欢还是家长老师推荐，我问了100名，只有17%是自己喜欢的。我发现我在2015年的时候，很多高考选专业，其实很多学生自己也知道，一定要选择一个自己比较感兴趣的专业。但问题是家长也好，学生自己也好，不知道自己兴趣爱好是什么。所以现在高考改革虽然选择性更多了，但是有一个要求，希望我们学生更好地进行职业规划。什么时候进行职业规划呢？刚才大家都谈到兴趣，我们什么时候了解这个兴趣，你要培养他的兴趣，你首先要了解他的兴趣爱好，才能更有针对性的培养。

吴遵民：就我个人经验，我们现在对孩子的“玩”，很多家长非常痛恨。其实玩里面是可以玩出智慧的，比如说很多孩子打游戏，现在网络时代，游戏也需要智慧，需要勇气，需要眼快手快，所以我觉得有时候不要说玩物丧志，比如抖音什么的，一天孩子自己到图书馆，看到小猫，他看到什么拍出来，拍完以后配上音乐剪辑，现在有一个上市公司叫 BILIBILI，上面有各种各样的短视频。我的观点是孩子应该玩什么，你不要一味地阻止他，你在玩当中需要指导。我跟儿子讲，你玩可以，先把正事做完。我也喜欢玩，我也追剧，我每天下午四点钟之前必须把自己的事情做完，做完了我就去追剧了。刚才小朋友讲历史，我对历史烦得不得了，这些东西都是死背的。但是现在历史讲三国，历史剧里面虽然有编造的东西，但是帮助你理解原来它是这么一段东西，你再看历史书，现在的时代给了你太多的机会，你需要多元的视角。高考面试是需要辅导的，你需要跟面试官交流过程中，怎么做到坦诚，很多面试是你自己填的资料，你做过什么研究，就算做不成功也没关系。

我儿子高中的时候做的石墨烯，老师问做出来了吗？ 他说我没做出来，老师马上笑了，你做出来还得了。 老师问他你这个资料哪里来的？ 他说我百度查的，老师就是说，这位同学你将来搞理工科，查科研资料不能从百度查，你必须从什么什么网站查，你不要粉饰自己，你不要提高自己，你是什么人就是什么人。

兴趣就是玩出来的，你不给他玩，学校里这些功利的功课哪一个是喜欢的，天天读物理数学要读出神经病了，所以我对中国这种走班制高考 3 + 3 当然反对，为什么反对？ 在日本东京大学的附属高中，以前叫东京帝国中学，他只有一个中学是帝国高中，他有 60 门选修课，没有一门课跟高考有关，每天下午半天时间全部是天文地理各种选修课，平时学生主课缺课家长没意见，下午的选修课缺席家长要造反。 各位，有时候就是选修课造就了一个人才。

陈青云：我想克服一下家长的焦虑，我想介绍一下我们学校实实在在现在在做的事情，我们学生一进来以后，我们学校都会排一门课程，叫高一适应期，新生活重新开始。 在这门课上，我们会有专业老师给他进行综合测试和评价，通过这门课他对自己的兴趣爱好、人格类型、学习风格、学习优势、职业兴趣，都会有一个综合测评，每个学生有一个完整的档案。 我们教学班形成以后会把档案给老师，现在我们老师已经不单纯是知识传授者，而是一个学生学习活动的设计者、组织者和引领者，这个规律已经完全发生了变化。 所以对于孩子来讲，他通过这门课就会知道我是什么人，我兴趣在什么地方，我属于什么性格，未来我从事什么职业对我是最有利的，我选课怎么选怎么安排，怎么合理认识是最有效的，我们会帮助学生清醒地认识自己，客观地进行选择判断，进而理性地规划自己的学习。所以我们高一就会开生涯人物访谈，他自己可能有兴趣的他会去访谈，我们会给他提供非常详尽的访谈提纲。比如说访谈我们骆老师，我们会针对骆老师设计一些访谈提纲让他访谈骆老师，他访谈以后就知道我不能做骆老师，这个职业对我来说是不合适的。然后到高二，我们会有跨越生命的彩虹，知己知彼，知道自己，知道职业，统筹规划自己。所以目前来讲，我们进到高中以后，首先要让学生对自己有清醒的认识，有能力进行自我调适，最终不断实现自我完善和超越，所以我们学校都是很专业的，家长们不要焦虑，要相信学校。

新中高考改革及应对之策

王　枫

专家介绍：王枫，上海市教育科学研究院普通教育研究所学生发展研究中心副主任，上海市教师心理健康发展中心副主任，上海市中小学心理辅导协会常务理事。

很高兴今天能够来到上海图书馆参加上海市家庭教育高峰讲坛，我们现在这样的一个时代，教育的改革、政策非常多，而家庭教育如何来应对好我们的改革政策，和学校的教育形成很好的合力，促进每一个孩子的健康成长与发展，是每一个家长都想要做的事情，也是每一个家庭和每一所学校应当承担好的责任。

我们今天和大家一起来分享中高考改革背景下的家庭教育观念更新与实践转型，我们主要想谈三个方面的问题。

第一，家长需要知道的中高考改革的政策，我们可以在网上查到各种各样的信息和文本，但是其实背后我们政策制定的目的是什么？ 它到底怎样驱动孩子们的学习，它会改变家庭教育当中的哪些方面？

第二，如何从家庭教育的角度来应对这样的考试改革。 家长的教育当中所需要尝试的是观念更新和实践转型。 也就是家庭教育中每一个家长的角色需要发生变化。

第三，从心理学的角度给大家提一些应对考试改革心理学方面的建议。

中高考改革政策

大家都知道在2014年的时候，上海市人民政府就颁布了关于深化高等学校考试综合改革的方案，而这个方案之后，上海市教委陆续出台了很多很多的文件，包括高考学业水平考试的，高中综合素质评价的文件。 而高考改革我们非常熟悉，可以概括成6个字，就是“两依据一参考”，依据统一的高考成绩，依据高中学业水平考试成绩，参考高中学生综合素质评价。 在2018年上海市人民政府又发布了《关于进一步深化本市高考综合改革的若干意见》，这个意见是干什么的？ 主要对我们在高考改革推进两年以来，发生的一些特殊的情况，比如说物理选考的人数会比较少，所以我们在这个文件中特意加入了关于学科等级考试的保障机制。2018年的3月22日，市教委颁布了中考改革方案，可以概括为“一依据一结合”这六个字，依据的是初中学业水平考试的成绩，结合的是初中学生的综合素质评价。

先来说一下高考改革。我知道现场除了有初中学生和家长之外，还有很多高中生和家长，你们即将面对的是高考改革对孩子的学习和考试带来的影响，高考改革的政策我相信大家都比较熟悉了，“3+1”变成了“3+3”之后，会有很多方面的变化，在政策背后首先我们想破除唯分数论，因为通常的高考只看到分数，“3+1”的高考当中只看到语数外的成绩和“+1”的成绩，而运用学生的综合素质评价，将从四个方面考察学生的全面发展，分别是品德发展与公民素养，修习课程与学业成绩，身心健康与艺术素养，创新精神与实践能力。

这四个方面各有侧重。在品德发展与公民素养中，我们更多的看到的是孩子的社会实践方面，高考改革方案规定孩子一定要在高中的三年时间当中完成60学时的社会实践，这个是为了让孩子在社会的大环境当中学习，这是对于孩子未来的成长非常重要的内容。

修习课程与学业成绩，我们在学校当中的基础性课程、拓展性课程和研究性课程的考试成绩和排名，会在修习课程与学业成绩当中记录。

身心健康与艺术素养，更多关注孩子体质健康方面，身体的健康程度是不是符合国家学生体质健康标准的规定。

创新精神和实践能力，我们的学习不止在课堂当中学习语数外，同学们可以根据自己的兴趣爱好和个性特长，找到自己关注的社会热点或者自己关注的一些课题，通过课题研究的方式去运用原来在基础性课程中学到的知识，去解决他们所关心的问题。

其次，是改变一考定终身。原来高考之后我们好像就定了自己的专业和方向，一次高考就决定你未来的前途命运，现在我们在考试的设置当中会有很多的变化，比如说大家现在都很关注春考，春考现在专业已经非常多，据我知道现在已经有很多非常好的高校的应用型专业，在春考当中招生，很多在应用技术方面，很擅长应用型的人才、学生，这些孩子很适合春考进入到应用型的专业当中，而这些专业是能够符合这些孩子的发展的需要，所以春考变得很热门了，你会看到大部分的孩子他都会去参加春考，不管是不是为了进到应用型的专业当中，有的还是高考秋考的同学，他希望在春考当中有一次锻炼的机会。

我们在高考和秋考当中也有很多批次，比如说高校的自主招生的批次，九所高校综合评价录取的批次，这些都是我们在秋考当中给孩子提供的各种各样不同的发展路径和考试的机会。从 2018 年开始，三校生的高考当中也有应用型的本科专业，依法自主招生都在同步地推进，所以说高考不再是一考定终身，你会看到每一个孩子都可以选择适合他的某一条高考的路径来进行学习和考试，这是我们想达到的第二个高考的目标，让孩子和家长能够有更多考试的选择、发展路径的选择。

再次，防止过度的偏科。原来上海的考试是“3 + 1”，很多时候孩子会选择物理或者化学一门，而选择物理的同学，化学是不碰的，但高校当中，是需要综合运用到物理和化学方面的知识，我们希望通过高考改革，能够在 13 门学科全学全考的基础之上，为孩子打下比较宽的基础，而从“3 + 1”到“3 + 3”，设置合格考和等级考其实也是为了能够让孩子把各科都学好，为未来的发展打下扎实全面的基础。

所以在等级考试的设置当中，6 选 3，每一门科目当中都会分出五等 11 级，这个是根据我们参加考试的人数比例决定的，也就是在整个的参加某一门学科考试当中的孩子，他们将共同决定他们之间的分配比例，5%的学生会获得 A + 的成绩，5%的学生会获得 E 的成绩，其他都是 10%。你看到 5 等 11 级的构建当中，每一级差三分，最后按照他们的等级当中的成绩，对应到任意三门的等级性考试的科目成绩当中，也就是现在的高考成绩为什么是 660 分，我们看到语数外三门的高考是由 150 分的成绩构成，而在任选三门的理化生史地政选六选三的等级考当中，我们最终会通过比例的确定，对应到相应比例等级的分数，最后形成每一门 70 分的总分的成绩，所以现在高考的总成绩是 660 分。

这是高考当中我们分享的几个最主要的特点和目标。如果说高考改革我们已经经历了两年还比较熟悉的话，中考改革就是比较难懂的了，在我们 2019 年 3 月 22 日发布的当天之后，每一所初中、小学五年级的家长都进行了相关的培训，因为初中的整个的中考改革，依据的是初中学业水平考试，结合的是初中综合素质评价，而中考改革说穿了是三个方面：第一个方面叫作初中学业水平改革，就是考试的改革；第二个方面是初中综合素质评价的改革，也就是刚才我们在高中当中看到的高中生综合素质评价他会同步地延续到初中，对初中生进行更全面的素质评价；第三个方面是高中阶段招生录取。

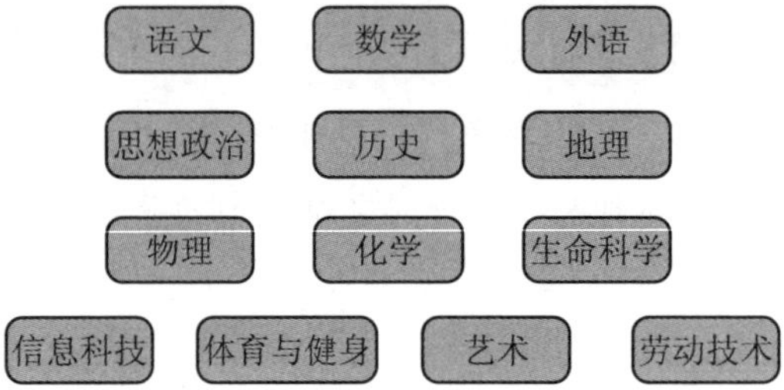

高考改革:13 门学科普通高中学业水平合格考

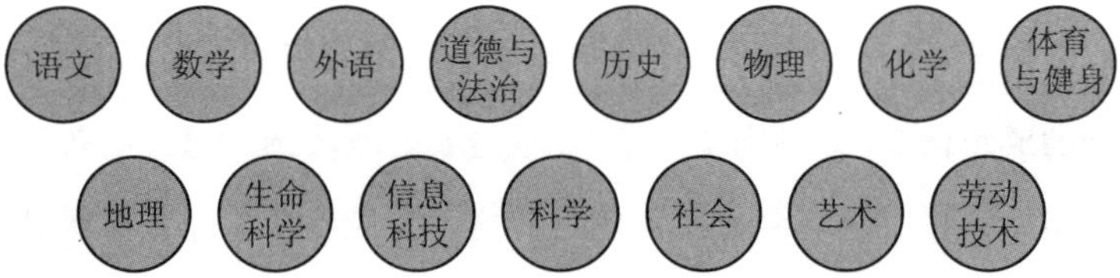

中考改革:15 门学科初中学业水平考试全学全考

为了让大家更好地理解，上面都是初中学业水平考试当中所说的计分科目，为了方便起见这个计分科目我们就称为中考的科目。

这张表格当中大家可以看到语言、数学、外语、物理、化学是我们现在中考已经有的考试科目，而物理化学在现在的中考当中是合并，在一场考试当中两张卷子里考的。在改革之后，你会发现我们多增加了两科科目，一门是道德与法制，一门是历史。

道德与法制相当于我们现在的思想政治，最后在我们的计分科目当中还有体育与健身，这个和现在也是一样的，占 30 分没有变化，整个的高中考考试计分的科目，他考试的形式也不是完全一样的。在语数两个科当中，我们采用的是闭卷的考试，外语除了闭卷考试之外，还增设了听说测试，这个跟高考一样。物理化学除了闭卷考试之外，还增加实验考试，道德与法制和历史的两门科目，采取开卷考试方式，这两门科目的计分成绩也是通过平时的成绩和开卷考试综合而成的。

所以你看到我刚才讲的计分科目的考试当中，采用考试的结果用分数的方式呈现，分值会有所不同，语数外的分值仍然是 150 分，物理和化学，现在物理是 90 分，化学是 60 分，合成之后是 150 分，合成之后，物理的成绩是降到 70 分，化学的成绩会降到 50 分，合起来是 120 分，还有 30 分、15 分是刚才说的理化实验考试，理化实验考试会计入到中考的成绩当中，而另一部分我们看到，还有 15 分，我们讲会考察的是跨学科的案例分析，跨学科的案例分析为什么会加在这里？其实我们希望通过这样的跨学科的案例分析的试题，能够让孩子更多取得了解总舵性的一些社会当中的不只是学科当中的问题，因为我们知道未来的世界，我们要面对的世界和解决的问题都是非常复杂的，并不是一个学科就能很好的解决的，而我们面对的真实的问题，必然是跨学科的。

刚才讲的计分科目的部分，现在我们要讲的是非计分的部分。非计分的科目都是开卷考试，由学校综合评定。为了不增加学生的负担，因为我们现在 15 门考试全学全考，为孩子打好全的基础，但是后面这一部分考试全部是开卷考，或者是由学校根据平时的成绩来综合评定的，而成绩评定之后我们也不是用分数的方式来呈现，我们分了优秀良好合格不合格四个等级，不是说一定要分这四个等级，因为现在我们有高中学校的自主招生，自主招生现在都很想去考，很多学生没有拿到自主招生的报名，不符合自主招生的报名条件，没有拿到邀请的这些孩子，他会冲到那个学校去，借着学校开放日冲过去想要进行自主招生的考试。这个我们现在用一个词叫做冲考，冲过去就想考了，这个冲考我们现在是很多学校是不允许的，我们现在把其他的非计分科目考试的成绩分成四个等级，在高中学校自主招生当中就可以去定，比如说我的自主招生的条件，是你在信息科技、地理、科学等学科当中，至少要达到良好，甚至有一些比较高要求的学校，在地理或者科学方面要达到优秀，而不是把等级分得很细，当然分等级也会比较避免分分计较的事情产生，如果用分数的话，差一分的话孩子会非常纠结，而这一分根本不能代表他们本身背后的能力水平或者他们的知识储备，所以我们所有的非计分科目的考试我们采用的都是等级的呈现方式。

在综合评价改革方面，跟高中的框架是一样的，是希望通过初中的综合素质评价和高中衔接起来，可以看到孩子他从初中一直到高中，整个的发展路径当中，都是从这样四个方面来评价他的。不过两者也稍有不同，高中有很多党团活动，有很多社会性公益的服务，初中的学生更强调的是理解社会，整个的重点落实在初中综合素质评价当中，是通过初中的综合实践活动课程来体现的。

接下来各位最关心的，是上海市中考改革后高中阶段的学校招生录取方式发生了巨大的变化。我们先来看一下中考改革高中招生录取的批次是怎么样的，普通高中会分成三个步骤，第一个是高中，市重点高中和市特色普通高中的自主招生，也就是学校自己来决定我要不要这个学生的自主招生，通过面试他们会确定要不要录取这个学生。

第二个是市重点高中的名额分配综合评价录取。这个非常复杂，这个名词本来就很长，又分成两个概念在里面，一个是名额分配，一个是综合评价录取，非常的难懂，这里我们先看一下流程，后面会给大家具体来解释名额分配，这是自主招生名额分配评价录取，最后是统一招生录取，也就是我们说的裸考，而在中职校里面也会发生一些变化，中职校的一些专业我们现在也有自主招生，同时中职校里面还有中本贯通，也就是中职直接读到本科的贯通的项目和中高职贯通，中职直接对接高职，不用考试，直接可以读上去的贯通的项目。

所以你看到其实现在初中学生选择的路径也是非常多的，一个可以从普通高中这个步骤来选择，是不是参加市重点特色高中的自主招生，是不是能够在名额分配综合评价录取当中获取名额分配，通过综合评价的方式进入到高中当中或者通过裸考的方式。

中职校也一样，是不是要参加中职校的自主招生，是不是要参加中职校的中本贯通的项目，或者中高职贯通的项目，我们刚才说有很多的孩子他本身动手能力非常强，或许他更适合去中本贯通和中高职贯通的项目。

除了中职之外，大家基本上更关注的是市重点及特色高中的自主招生和综合评价录取的部分。

自主招生在中考改革之后是56所学校加4所学校，56所学校是上海市的市重点高中，4所高中是我们现在已经命名的上海市的特色普通高中，包括曹杨中学、甘泉外国语中学、海事大学附属北蔡高级中学、华东政法大学附属中学，这四所高中是有非常明确的办学特色的，所以我们定名为特色普通高中，而特色普通高中也有一部分特定的通过自主招生招收自己需要的学生的权利。但是整个的自主招生在中考改革之后比例在下降，原来我们的自主招生大概是占整个高中招生数的8%，中考改革之后降低到6%，还包括艺术体育特长生，包括4所特色高中的名额。他们需要的一些拔尖创新的人才，一些具有特长的人才，偏才、怪才。我们不希望这类孩子被埋没，这些孩子可以通过自主招生进入高中，招生的程序是这样的，先获取自主招生的资格，然后去学校校测面试，学校确定我要你这个学生了，他会给你发一个预录取资格，也就是学校预录取你了，你整个自主招生的志愿填的是我们学校的话，在中考成绩计分科目达到控分线就可以进入到高中。

接下来是名额分配综合评价录取。

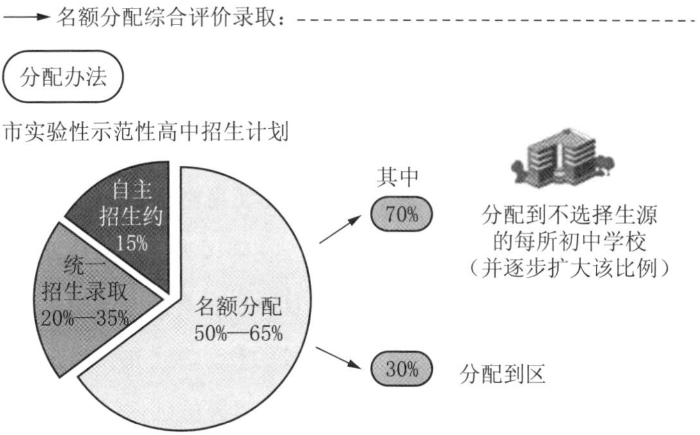

名额分配怎么配？ 所有参加名额分配高中的学校，是市实验性示范性高中，市重点的名额拿出来分配当中的比例是怎样的？ 我们的文件规定的是不低于50%，不超过65%，你现在想象一下，市重点所有的名额里面，大概一半到65%，在未来的招生改革当中是要拿出来分配的，分配是什么意思？ 我一定要分配到某个区或者分配到某个学校，分配的方法是这样的，50%到65%的名额拿出来之后，这些名额当中再三七开，30%

分配到区，由区里面统一的在自己的区里面的初中学校里面进行分配，而 70%会给分配到所有的每一所不选择生源的初中学校。

所以你会看到不选择生源的学校校内会共享机会，而我们刚才说的另外 30%会分配到区，由区里面统一的来分配这个在补充的规定当中已经说了，在 30%分配到区的名额当中，某一个区当中的市重点的学校，有 5%到 10%的名额是要分配到本区的，而 90%到 95%的名额是往外分配的，这 30%到区的名额的话，选择生源和不选择生源的学校它是共享机会，而 70%的名额只有不选择生源学校的学生。

另外，我们建立了一条叫作可统筹使用本部和分校的招生计划，其实是为了鼓励我们的学校去在郊区去开办一些分校，比如说现在格致在奉贤有分校，复旦附中在青浦有分校，交大附中在嘉定有分校。这些分校和总校的教育方式和课程设置都是一样的，我们通过这个方式其实是希望去鼓励好学校去开办更多的分校，能够来提升整体的高中学校教育质量。

不集中分配到特定班级，这是因为我们有一些公办学校大家也知道，在公办学校当中也开了一些拔高班、创新班，所以名额分配原则上是不集中到某一个班级当中的学生的，最后部分的区里面，有一些区已经有一些艺体特长生和自主招生的名额不共享的原则，每个区是不一样的，可能需要家长多去了解区里面政策设计的情况。

举个例子，如果以黄浦区某一个市重点的学校，他的招生计划是 100 人的话，自主招生会占 15 人，这个自主招生包括了艺体特长生，全市的不管是不是民办的，选择不选择生源的学校，都可以报名，获得自主招生的资格，进入到自主招生的环节，获得预录取的资格。

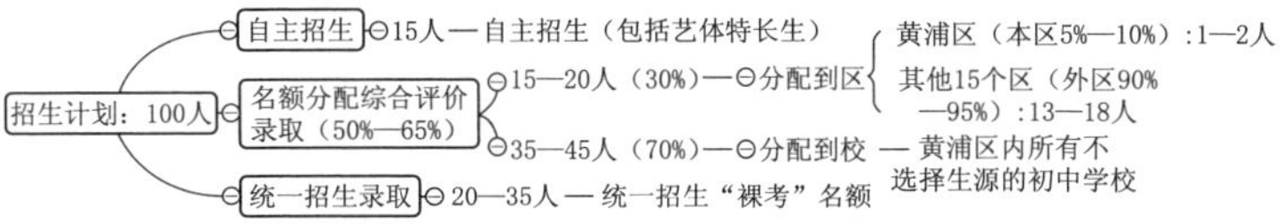

在名额分配综合评价录取，不超过 50% 不低于 65% 当中的 70% 会分配到每一所不选择生源的学校，这个是指区内的，30% 会分配到本区有 5% 到 10%，外区有 90% 到 95%，所以大概算一下你会发现，在名额分配的综合评价录取当中，大概分配到区会有 15 到 20 人，如果是 100 人当中的话，这 15 到 20 人会有 5% 到 10% 也就是一到两个人是本区当中的名额，而其他的 15 个区会共享 13 到 18 个名额，我们知道上海一共有 16 个区，15 个区共享 13 到 18 个的话，可能会按照区的体量，比如说浦东新区那么大的体量那么多的学校，可能会多配几个名额，而这些名额是定点要发到区里面的学校的。

你会看到 35 到 45 人他是黄浦区所有区内的不选择生源的初中学校，会共享 35 到 45 人的分配，也就是说区里面的所有学校至少会配到一个名额，是这个市实验性示范性高中的名额，最后是 20 到 35 人，他会做统一的裸考的招生。

所以名额分配是什么意思？ 名额分配就是说我们把名额划

分一下，去保证这个初中一定会有某一个学生进入到这个市实验性示范性高中，而区里面由区统一划出去的这些名额分配，也同样会保证某一些学生会进入到我们的市实验性示范性高中。

这当中还有一个竞争机制就是名额分配综合评价录取的过程，这个过程是这样的。首先一所学校里面，将填某一个市重点高中的学生的中考成绩排一下序。比如这个学校有 10 个名额分配到某一所市重点高中，填这所市重点高中志愿的学生，前 20 位都可以进入到综合评价录取的资格当中，综合评价录取的成绩是 800 分，750 分加校测的 50 分成绩。我们刚才说 20 个学生都去了面试，给 20 个学生打了分，这个分和中考成绩合一合，再重新进行排序，录取前 10 位。

这些考试改革给家长带来的变化和影响有：

基础教育就是给孩子打好全面的基础，所以有那么多的考试，但是在考试的结构和实行方式上面会进行优化，不给孩子带来特别大的负担。

在初中和高中的综合素质评价当中，突出了促进孩子全面发展的导向，我们不是只注重分数，在初中和高中全面实施四大板块的综合素质评价，在高水平高校和市实验性示范性高中的录取环节，设置了综合评价录取。而在整个高考改革的导向之下，我们刚才讲了综合素质评价当中突出了两个非常重要的部分，一个是学校的社会实践，孩子都会到社会上去，现在每一年的暑假都可以看到，好多好多高中生到社会实践的场馆去做公益服务和社会实践，而这些让孩子更多地接触了社会，更多地了解社会上发生了什么，更多地去体验在实际生活当中我们是如何来学习和发展的。

另外就是研究性学习。在创新精神和实践能力当中，我们突出研究性学习，希望孩子通过自主的或者合作的课程的完成，能够发展他们解决问题的能力，发展他们研究的思维，发展他们合作的能力。

目前，上海地区的高中几乎实行的都是走班的方式，6 选 3，有 20 种不同科目的组合，也就是根据学生自己选学选考的科目，来组织整个的教育教学，每个人都会有一张属于他自己的课表，每一个教室都会有一张属于这个教室的课表。提供路径选择，注重生涯规划。我们现在特别注重生涯规划的概念，这个生涯规划的概念就是因为中高考改革背景之下，现今教育更多要关注到孩子未来的发展了，而不是当前为了应付中考、高考。

未来的社会是不确定的，孩子在未来是否能根据自己的内心，找到最适合自己的发展方向，这才是教育所应该做的，也就是家长所应该做的。

家长的角色转型

我们希望通过中高考的改革，能够使家长的教育，实现决策的转型。首先家长能够成为孩子生命成长的同行者，这个是指什么？ 原来家长都是孩子生命成长的控制者，你要考什么学校，你要考哪所大学，你要进哪个专业，包括我也是，我高考录取的专业是我妈给我定的，我相信我们这一代孩子基本上是父母定的比较多，现在有那么多路径的选择，在现在社会变化的环境之下，其实孩子更多地需要尊崇他自己的内心，找到他未来自己想要去的方向。 所以更多地需要我们的家长在家庭教育当中，为孩子提供良好的亲子的关系，和积极稳定的学习情趣，来帮助他更好的学习，而不是更多地去控制他。

第二，希望家长成为选学选考的引导者，我们看到中高考改革之后，选择这个事情被放在台面上了，如何引导孩子很好地选择，正确地选择，根据自身的需求来选择，这是家长需要和老师一起承担的责任。

第三，是学习资源的拓展者，你会看到学生方式发生变化了，我们刚才说有研究性学习、探究性学习、社会考察的学习，学校里面有走班的学习，有综合案例分析的学习等，这些学习的背后我们对学习的观念不再是原来的埋头苦读的意思了，家长如何为孩子去拓展好学习的资源，这是我们在转型当中所需要思考的。

最后，现在压力的确很大，大部分的初中和高中的学生都有很大的学业压力，而这些学业压力背后，会产生很多的心理方面的不适应，甚至有很多的孩子有心理方面的问题，这些心理方面的问题家长如何帮助孩子进行进一步的调试，所以我们给大家提出的决策转型，希望家长能够帮助引导孩子们更好地发展。

生命成长的同行者，很多家长会问，特别是初中的家长会问，我们家孩子小时候很听话的，长大了以后一点都不听话，现在跟他说什么都情绪很大，心里想什么都不跟我说，我们现在想问家长的是，在孩子不断成长的时候，你们对待他的方式成长了没有？我们看到很多初中甚至高中孩子的家长，还是在以小学的方式对待他，我们一起来看一下是不是适合。

第一，孩子本身是有认同感的。心理学的研究发现，小时候的认同感是建立在权威之上的，这个权威指的是什么？家长老师都是我们身边的权威，因为从小都是依赖他们来生活，所以小时候孩子的认同是权威的认同，有一天他长大了，发现原来爸爸妈妈不是什么事都懂都会的时候，这个时候就会发展到另外的认同的部分，这个就到了我们初中当中所说的同伴的顺从，你会看到初中孩子们的兴趣，大部分都是集群式的，这个班级的同学都喜欢 TFBOYS，这个班级的同学都喜欢看偶像练习生，你会看到他们更多的会在同伴之间寻找自己的存在感，这是因为他们的自我意识发展了，他们的自我概念成长了，他们知道自己越来越成为社会当中独立的人，他们要和社会当中的其他人沟通和互动，这个时候就会产生同伴的认同，所以在初中阶段当中，不要当着别人孩子的面去批评自己的孩子，这个是很伤他们的自尊和认同感的。

同伴认同在这个阶段非常重要，你是初中孩子家长的话，不要在同学面前批评他。前不久，有一个孩子去参加集体活动，妈妈因为要抓他回来学习，亲自跑到他活动的地点，当着所有孩子的面把他骂了一顿带回去了。这个孩子之后所有的情绪都爆发了，产生非常不可控的一些行为。我们有过老师在全班面前批评一个团支部书记，因为那个团支部书记好像跟一个女生有一些暧昧，这个事情老师看起来很奇怪，当着全班的面问他，你是要女朋友还是要团徽，然后团书记进入了非常消极的状态，你会看到这种事情对他们来说打击是很大的。到了高中，他们会进入到自我的认同上，会探索自身的价值，他们的认同感会来源于自我的认知的价值。所以，认同感的发展需要我们家庭教育本身也需要同步的转型。

初中和高中的孩子的情绪是非常容易爆发的，因为这一阶段的孩子正处在青春期，他们身体当中会有很多很多激素分泌出来，这些激素会不断地促进他们的情绪爆发，所以安定的情绪对他们来说是非常非常重要的。

随着年龄的增长，安全、稳定的亲子关系，其实也能为孩子提供很好的归属感和安全感，有利于维持他们在学生当中稳定的情绪状态和持续的学习动机，使他们敢于迎接学习当中的挑战。

第二，成为选学选考的引导者。我们现在需要引导孩子去成长，还是有两个派别。第一种是技术派。现在我们的生物和地理可以在高二考，所以高二地理生物全选掉，到了高三又变成 3 + 1 了，这样看起来对孩子来说好像学习负担轻了一点。

高考改革背景下的选学选考

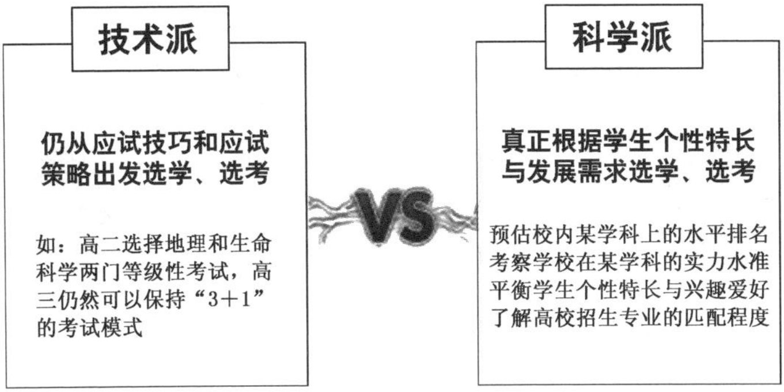

第二种是科学派。科学派是真正根据学生的个性特长和发展需求来选学选考的，我们要考虑的是什么？孩子在每一门学科当中，他在学校里面所处的位置是怎么样的，而学校在这一门学科当中，在整个区甚至全市，他所处的实力水准大概是什么方向，这样大概就能确定了我选这门之后，在整个这些选考当中的排位，可能在什么位置。

第三，要去平衡学生他自己的个性和兴趣爱好。我真的喜欢物理，即使四校的学生都喜欢物理，我也不一定比他们差，我们要有这个信念，最后我们要了解的是，除了这些之外还要了解高校现在的专业设置，现在每年都有一本很厚很厚的大概有600多页高校的招生的专业目录和录取的条件，也就是你6选3，选考科目的条件，大部分是有不限制科目的条件，有一些特别的专业当中会限制你一定要考物理一定要考什么，这个其实跟未来孩子要选学选考也是有关系的。

中考也是一样，中考改革之后，你会发现考试改革之后，如下图所示：

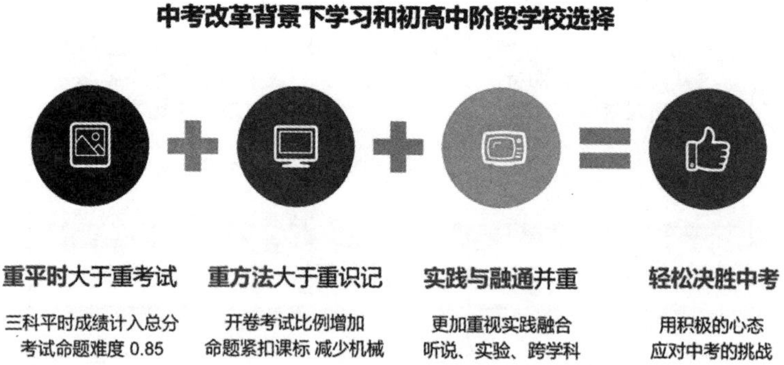

第一，重平时大于重考试。因为现在很多的成绩都在平时的，比如说历史平时成绩也有，而中考本身的难度决定了他平时的积累肯定比考前的突击要重要，因为只要你平时都学好了，中考一点问题都没有，中考的难度和高考合格考的难度是一样的，都是0.85，85%的学生都能答对，我相信你们的孩子都是85%里面的。三科的平时成绩计入总分，这个也是重平时的这样的条件。

第二，重方法要大于重识记。我们很多开卷考的东西，很多闭卷考的东西，现在你看到考试题目越来越灵活，我们在考试题目的导向当中已经明确说了，就是命题的紧扣课题，减少机械实际的内容，更多地注重学科的思考方法，如何学习方法，不只是学科的学习可以做到的，课外的学习、探究性的学习，问题解决的学习，在社会当中的学习更多的可以帮助大家做好重方法的事情。

第三，实践和融通并重。因为我们有跨学科的案例分析，有听说的，有实验操作的，有跨学科的等这些，其实它更多的强调的是学生动手时间和跨学科的融通在我们考试当中并重来应对。

最后要有好心态，好多的考试最终取决于心态。前不久我们给高三的学生做讲座的时候，我们的研究发现，在考试的前几天最重要的因素并不是你学得好不好，而是你的心态好不好，你在考场当中不能控制好自己的心态，你平时学得再好，你考场一脸懵，做不出题目，这样的学生我们在复读的学生中见到太多了。平时学得很好，但是心理素质太差，到了考场开始冒冷汗，头脑一片空白，该做的题都做不来，最后还是没有考好。

很多家长说我现在如何进行选考的科目的选择，我是去公办学校还是民办学校，我们有四条建议给大家。

第一，基于学生自己的特点。我的孩子自己的学业水平在什么位置，竞争力是在哪。如果他是一个非常拔尖的孩子，你尽可放心让他去参加高中学校的自主招生，我相信他一定会在自主招生的面试当中脱颖而出，然后获得预录取资格。但是如果是一个成绩平平，可能比较综合，但是没有一方面冒尖的话，那么他可能更多适合在公办学校把平时的四年的生活过好，把四年的学生做好，最终他在考试当中可以获得某一个学校的名额分配，通过名额分配的方式进入到高中。这都取决于你的孩子是怎样的，不是取决于哪个学校好。

我们现在家长就说，因为上中好呀，所以我要进上中，但是你要去看上中适不适合你的孩子，我们有一些孩子原来也是经过名额分配进入上中的，但是进入之后跟不上，这些变化对于孩子都说其实是有打击的，如果初中经历了那么多失败的话，会对他的心理造成不可逆转的影响，这些我不知道家长在选学校的时候有没有考虑。

第二，规划未来的路径。 你要想好孩子去民办、公办，去公办后面的名额分配、自主招生如何来争取，去民办的话自主招生还是裸考，或者愿意让孩子去到国外留学，看孩子自己未来的发展路径你要想好。

第三，了解学校的办学状况。 现在的学校我们刚才说高中已经是特色办学了，你要了解这个学校适不适合我的孩子，这个高校的专业适不适合我的孩子，说实话，我自己学的心理学专业，开始的时候我是不认同的，学得很累，但是后来慢慢地喜欢上了，这种可能性也有，但是如果一开始就认同的话，学习的动力、兴趣都会完全不一样。

第四，尊重孩子自己的主体意愿。 特别是进哪一所学校，我们很多家长说，我给你安排好了，进民办学校，但是孩子并不希望进这个学校，因为他大部分的同学，都去了初中的公办学校，他很希望和朋友们一起去这所学校，但是你硬要让他去另外一所学校，可能在一定程度上你没有尊重他本身自己主体的意愿。

第五，我要建议大家成为学习资源的拓展者，因为现在整个的学习方式在变化，学习资源在变化，我们除了学校之外，有家庭的教育资源，有社会场馆的教育资源，有机构的教育资源，高中和高校也有开放日的活动，让大家也可以去了解。上海有两千多个社会实践的基地和校外体验的基地，包括上海图书馆、上海博物馆等，其实都是很好的学习资源，家长是不是有这个意识帮孩子找到适合他们的资源场地。

原来我们讲到资源拓展，很多家长意识当中就是，我要给他去找一个很好的培训班，周六、周天排满，他应该就学习很好了，但是你要知道现在的学习方式并不只是说去培训班埋头苦读就可以了，他需要跟社会更多的接触。

比如说我们的高中、高校的办学特色和教育资源，其实他也可以通过各种渠道获得。比如我们现在推出的上海优质高中的慕课课程，学生的学籍可以登录到这个平台，有很多学校不同的课程。

家长还可以做很多事情，比如说我们在研究性学习当中，有很多的案例，比如一个吴淞中学的学生，他喜欢海水的淡化，家长费尽心思，帮他找到全球很多顶尖的一些原版教材。这种研究，不仅锻炼了他的学习能力，同时也锻炼了他的外语能力。

最后就是做心理调适的支持者。很多压力的确是存在的，因为有学习有考试必然有压力，这都是正常的事情，但是长期的焦虑会给孩子带来很强的身心反应，这个在小学里面特别普遍，或者在考试之前特别普遍，因为一到学校有的小朋友就开始肚子疼，因为他焦虑了。当你焦虑的时候，你会想去上厕所，或者肚子疼，所以长期的焦虑会引起焦虑性的神经反应，甚至是回避的行为，有的孩子甚至就不愿意去学校了。

还有可能会引发习得性无助，这个习得性无助是什么？我们有这样的一个拿一条小狗来做的实验，在A这个地方我们给它一个电击，小狗觉得很疼，然后它跳到B这个地方，跳到B这个地方我们还是给他电击，它还是觉得疼再跳回A，跳来跳去，他感觉到自己根本没有办法回避电击，所以小狗后来慢慢慢慢就趴在那个地方默默地忍受着电击，很残忍。但是，我们家长有时候也会那么残忍，一个孩子回来跟妈妈说，我考了95分，妈妈说考了95分，怎么不考100分，他通过自己的努力终于考了一百分了，家长问他你们班里有几个一百分，孩子说有十几个一百分，那你一百分含金量太低了，这个过程和电击的过程是不是有相同的地方？你永远给孩子一个他怎么努力都达不到你要求的标准，之后他就会慢慢知道努力其实并没有什么用，永远达不到爸爸妈妈的要求，他就开始进入到学习无助的状态，他不知道怎么样才能满足你的愿望，所以在过程当中，我们要避免习得性无助，事实上，习得性无助也是我们成年人当中，抑郁症爆发的非常重要的一个因素。抑郁症的人群，大部分都会有这样的习得性无助，所以如果你们不希望孩子变成抑郁症的话，千万要记得不要给他定永远达不到的目标，一定要鼓励他能够达到相关的目标。

几点建议

心理学研究当中，有很多孩子在初中之后就开始爆发心理方面的问题，因此需要大家去关注如何更好地来处理和引导相关问题。我们谈几点建议：

第一，观念更新。现在的社会跟以前的社会完全不同了，大家很难想象10年之前，你可以只用一个手机走遍天下，这些都是改变我们生活的，而这个改变将会越来越影响到我们的生活。

我们的孩子未来所面对的是不确定的世界，说不定到时候你给他想的职业都会不存在，太多的预言家说我们现在的孩子到2035年，可能他们从事的是一些新兴的职业，而不是现在的一些机械性的职业，比如说同声传译，我们现在知道同声传译是很难培养的，但是现在科大迅飞，基本上能够做到95%的正确率的同声翻译，所以未来同声传译这个职业就会慢慢地消亡。

所以你会看到时代不同了，可能性也不同了，每一个孩子都能发挥自己所长，去实现自己的人生价值。

前不久有一个校长打我电话，要我给他们一个孩子咨询，这个孩子天天晚上在家里玩直播软件，给网络上的人讲故事、讲笑话、讲游戏，一天晚上最高的创收是3 000块钱，校长觉得肯定不对的，玩这个东西，应该去学习，但是反过来看，这样的孩子我们的家长、老师很好地去培养他，他未来会成为一个很好的自媒体人，因为所有直播的内容都是他自己精心策划的，这比他在课堂当中刷十道题目，刷二十道题目来得可贵多了。

最后质量观，成绩优秀就真的优秀了吗？ 成绩优秀真的不代表什么，90 分和 95 分，你说多大程度决定了这个孩子是一个好孩子还是一个坏孩子？ 我们要看到全面的质量，我们要看到他们不断地突破、超越自己，不断尽力去为自己的梦想努力的坚持，这些东西才值得钦佩。

所以我们现在学校教育当中更多地强调核心素养，核心素养不只是知识的部分，它更多的是综合运用知识的能力和品质，它包括了孩子不断地超越、不断坚持的品质，主动学习、保有好奇心和兴趣爱好的品质，这些要比学习知识重要得多，因为现在的知识可以通过很多的方式去搜集到，而未来的知识和新知识也会不断的产出，需要我们的孩子培养好学会学习的能力。

第二，了解孩子。 了解你的孩子，每个孩子都不一样，心理学当中有多元的智能理论，大家应该比较熟悉，有的孩子擅长音乐，有的孩子擅长体育，有的孩子擅长文学，有的孩子擅长数理，每个孩子大脑皮层都是不一样的，因此他的学习优势也不一样。 我之前有一个同学，他怎么学物理化学都学不来，但是他美术天赋很好，所以最后他去了中央美院，现在是一名非常非常出色的设计师。

第三，控制情绪。我知道大家其实工作压力也很大，在这个社会上生存大家都不容易，很多时候情绪会投射到孩子的身上。情绪有两条通路，一条通路是当你直觉到生存环境当中，对你的生命有重大威胁的事件的时候，你突然会爆发情绪，比如说你现在走到马路上有一辆车朝你飞驰过来，你突然之间会感到很害怕然后产生回避的行为，这个是与生俱来的，我们大脑当中从爬行动物开始就有的保护机制，这个在大脑当中叫做感性的通路，信任和驱动。

还有一条理性的通路，它是通过思考，思考之后来平衡、调整我们的情绪。家长有很多的情绪，在你的亲子沟通当中有情绪的时候，如何让你的理性通路发挥作用，这个就需要你很好地去思考孩子本身的想法了，很多家长评价孩子，永远是很直接的。一件事情发生之后，你马上会按照你自己的理解，去批评、责骂孩子，但是你知道每件事情背后都有原因，我们要学会对孩子延迟的评价，发生事情之后等一等，听孩子说说这件事的来龙去脉。

第四，有效沟通。其实一件事情当中肯定有积极成分，也有消极的成分，要关注到评价过程当中的沟通方式和用语。要学会沟通，沟通当中倾听孩子是非常重要。之前有一个高中的学生，他因为自己的父亲是单亲家庭，他跟父亲一起长大，父亲从来不跟他沟通，他一直觉得爸爸对他的要求很高，对自己非常苛刻，每天定了非常非常满的时间表，天天把自己弄得很累，有一天，他跟爸爸真正坐下来去沟通，当孩子告诉爸爸这些的时候，爸爸反馈的是爸爸对他的要求并没有那么高，爸爸只要他幸福地生活就好了，沟通的缺乏，的确会造成很多亲子当中的障碍和矛盾。

如何更好地去沟通，如何更多地关注到孩子积极的方面，让同理心在沟通当中发挥，避免打断孩子的话，避免双重束缚？比如说给孩子烧了一个他很喜欢的菜，吃的时候说你要对得起这个菜，明天考试要考得好一点，你给他烧菜是对他好，但是反过来，你这个菜是有代价的，这就让他有一个冲突，这个冲突是妈妈给我的东西其实要我做另一件事情，这个好不是真的对我来好，而是要我去做另外一个事情，去完成你这个代价，所以这样的方式，它会分裂的，他会觉得，好像你不是真的对我好，这个对亲子关系的影响是很大的。很多家长会说你怎么又没有考好，你给我认真点，当你表达这些信息的时候，你忽略的是孩子的感受，当你能够用同理心去真正体会孩子的感受时候，你会跟他说，我能体会到你现在的感受，你已经很努力了，所以继续保持继续加油，有什么困难你可以告诉我，我们一起分担。

有一条非常关键的原则，把消极的东西留给自己，把正能量的东西留给孩子，你看到他的付出和他的努力，即使他没考好，你跟他说知道你已经努力过了，努力是积极的部分，把消极的部分留给自己，你跟他说，妈妈觉得这样还是有点惋惜，孩子其实很聪明，他们知道妈妈不开心了，妈妈的感受是不好的，所以其实我要做好前面肯定的东西，我要更加的努力，当你把消极的东西给他，你怎么又没考好，这个时候孩子的逆反心就上来了，所以大家一定要学会如何把积极、肯定的话留给孩子，把消极的感受，这种感受你的不好的感受反馈给孩子，这是你的不好的感受，但是孩子接收到的，是我让爸爸妈妈感受不好，所以我要更加努力，所以这是我们需要做的很重要的一点。

积极的自我暗示。暗示很重要，心理学当中做了实验，有两波老鼠，一波贴聪明一波贴笨，训练他们走迷宫，然后你会发现，聪明的那波老鼠走得特别好，为什么？因为训练者接收到了这个牌子的暗示，所以暗示很重要，你们可以通过你跟孩子的沟通，为他奠定成长性的心态。我可以不断地进步我可以从错误当中学习，我能学习任何我想学习的东西，我在挫折失败面前不断地坚持，而另一种心态，我是一个失败者，我没有办法进步了，这种心态非常糟，前者在心理学当中叫成长型的心态，我想怎么通过有效的沟通来为孩子建立成长型的心态。

第五，建立规则。很多时候规则的建立会产生很多问题，我们在时间分配、选学选考、志愿填报上面都有很多的问题，一个是手机的使用，一个是志愿的填报，选学选考的选择。

其实当中我们要关注到这样的几点，第一个是沟通的必要性，时代不同了，手机的终端当中有好多学习软件可以帮助到孩子，他们也需要通过手机来查单词等等这些，所以你要让孩子自己说出来，我要做什么，我要用这个东西查单词，让他自己想一想，如果没有做到这个澄清一下背后的危害是什么，这里都是家长和孩子的反馈。

澄清危害：担心用手机或者 pad 玩游戏沉迷游戏，影响学习，这些孩子都知道的，他们知道你们会担心这些，所以你只要让他说出来，然后你定一个规则，在学习的时候不能开启，否则就没收，这些都是孩子自己定的，在自己支配的时间可以玩游戏，但是不影响后续的休息和学习，否则没收手机一个礼拜，这些都是孩子自己定的，你怎么样和他来执行好这个，需要一个执行机制，有自我管理的记录，有家长的抽查，有利用技术手段做家长控制，等等。

当这个规则建立的时候，孩子体验到的是什么？ 体验到的是你把我当成一个独立的个体在对待，你能尊重我，所以他的自我也会更加的好。

大家不用担心，定好的规则，如果违反了，惩罚一次，孩子会自己慢慢习得这样的规则意识，包括选学选考也是，你看到定一个规则是，爸爸妈妈会和你一起建议，也会和你一起来商量，但最后的决定权在你自己。

第六，身心协同。 我们接收到过一个课题，研究高中生喝红牛熬夜熬得久，还是喝力保健熬夜熬得久。 这个研究我觉得很好，不过我们不提倡孩子熬夜。 因为在一段的兴奋时间之后，我们需要在大脑当中有一个很好的抑制的过程来恢复我们的大脑的活力，如果缺乏睡眠的话，是会影响到大脑发育的。而我们现在通过调研看到，大部分初中和高中的孩子的睡眠可能还是少了一些，当然这个可能有各种各样的原因，所以我们在可能的情况之下请家长保证好孩子的睡眠。

为什么要有体育运动？ 体育运动不只是身体健康的很关键的基础，也是我们孩子大脑当中分泌很健康的神经递质所需要的运动状态，当你运动的时候，大脑当中会分泌很多非常有益的促进大脑活动的神经递质，这些神经递质会帮助孩子更好地在前额叶的执行功能当中进行发挥，去集中他的注意力，调控他自己的行为，包括每天如果你能给孩子自己支配的时间，这些都很锻炼他自己的自我调控，锻炼他自己的行为的控制能力。 而这些能力其实对应的是他大脑当中我们说的前额叶这一部分执行功能发布，这部分的发展对于未来整个的计划，包括未来在社会生活当中，去执行某些任务、去应对某些困难，这个背后的行为都是通过大脑来调控的，所以体育运动和自主支配的时间，平时生活的节律也是非常重要的。

第七，专业求助。 毕竟每个孩子都不一样，有些孩子的确会在生活的过程当中，考试压力的状态之下，有很多的不适应，产生各种各样心理的问题，如果一旦发现孩子在生活、学习方面有不适应，现在每一所学校都有心理咨询的辅导老师，这些老师主要的就是做一些心理辅导。 每一个区都有区级的心理健康辅导中心，都有专业的心理咨询师和心理专家，给孩子做心理辅导和心理咨询，如果你发现孩子有心理困扰和问题，千万记得要正视这些问题，不要去回避，因为现在大家对于身心健康的概念，已经比原来好很多了。 心理问题其实也不是一个很羞耻的事情。 所以孩子如果有这方面的问题，要尽快，因为越早评估，越早干预，越早收获成效，所以第一时间要联系到相关的专业机构。

这里推荐给大家有16个区级的心理健康中心，大家如果有疑问的话，可以打他们的热线电话去预约，带孩子到那边去做一些心理辅导。在我们市级平台上，还有青少年的公共服务热线12355，当中也会开通相关的一些心理辅导的功能。

我们给大家提供的8个建议，是在中高考改革背景之下，希望大家能够去掌握的8个心理健康的方法，如果发生一些问题，请不要介意去求助我们的专业机构。最后想跟大家说的是，每一个孩子都有自己成长的路径，每一个人都有实现自己人生价值的节奏。你看到J.K.罗琳32岁的时候，第一份哈利·波特的稿子才被出版社认可，之前被拒绝过12次。马云是在35岁的时候，才创立阿里巴巴的。比尔·盖茨、斯蒂夫·乔布斯这些我们都能够数出来的这些非常重要的，对世界和人的生活产生重大影响的人，这些人其实都是大学辍学的，我相信大家都知道。

所以人生发展的路径非常非常多，每个人都有自己发展的路径，我们应该帮孩子找到未来他们发展的方向，每一个孩子都有实现自己价值的无限可能，而中高考改革，你们看到的改革，那么多措施的背后归结为一点的本质，就是回归到让每一个学生了解自己的第一属性，去实现适合他们的全面的发展。

历史上有这样三个人说过这样三句话。苏格拉底（古希腊的哲学家）说，认识你自己。莎士比亚（英国的著名的戏剧家）

说，做好你自己。尼采（著名的哲学家）说，成为你自己。我相信不管是现在的教育还是未来的教育，每一个家长，其实都希望我们自己的孩子，能够成为一个对社会有用的人，成为一个在未来实现自己人生价值的幸福的人，而幸福的人最关键的就是要做好这样三个自己，认识自己、做好自己，并且成为自己。

最后，用一句话跟我们各位家长共勉。一位美国的著名的教育心理学家说，教育让我们能够触碰未来，因为孩子们就是未来。每一个孩子都代表着未来无限的可能性，而我们的家庭教育和学校的教育，如果能在中高考改革的背景之下，真正形成育人的合力，我相信我们朋友触碰的未来，会是精彩的未来。

高考改革与自我认识

谢维和

专家介绍：谢维和，清华大学原副校长。著名教育社会学家，中国教育学会副会长。曾任第十届全国政协委员，第十一届全国人大代表，全国人大教科文卫委员会委员，国务院参事室特约研究员。教育部教育学类本科教学指导委员会主任；教育部教育专业研究生教学指导委员会副主任。教育部教育科学规划高等教育评审组组长、中国高等教育学会学术委员会副主任等。

在今天的中国，教育现在是老百姓最关心最直接最现实的利益问题。习近平总书记在新年贺词里讲到老百姓感觉到有一些问题或者是有一些不满意的地方，首先提到的就是教育，可见教育的重要性。而高考改革因为涉及千家万户孩子的前途与未来，更是焦点中的焦点。

新高考的特点

新高考的改革到底有哪些和过去不一样的地方?《关于深化考试招生制度改革实施意见》的内容非常丰富，不过核心是三句话：分类考试，综合评价，多元录取。各种不同类型的考试将来要分开。同时对学生整体发展做综合评价，录取的办法和录取的体制机制、方式、途径都比原来多，打破过去千军万马过独木桥的现象。

“一核四层四翼”，整个高考命题的思路是这样的思路。“一核”是三句话：“立德树人，服务选才，引导教学”。教育要立德树人，考试也得体现立德树人的要求。要培养能够爱这个国家，对社会有责任感，能认同中国传统文化的人，要体现社会主义核心价值观。现在有一个跟过去明显的变动，过去在阅读部分的考试里，学生可以选考应用性文本或文学类文本，可是这些年考下来的结果大多数考生选择什么文本? 应用性文本，几乎百分之八十多，有的省选择文学类文本的学生以个位数计，中国传统文化的东西，诗词歌赋，代表中国文化内涵的作品都没有阅读。现在改革要求这两个都成为必考内容，都得读。“服务选才”，高考要符合适合大学发展的要求，大学考试的时候可以看到，在六选三的考试里，哪些科目必考，哪些专业考哪些科目，哪些科目达到什么标准，都要看大学招生单位提出意见，要服务选才，不能不服务选才，大学还是要培养高层次人才。“引导教学”，针对怎么样和基础教育特别是中学比如高中教育相衔接，怎么能够引导基础教育发展，根据核心素养的要求怎么培养人才，不同的学科素养的要求体现在考题里。在最近有关高考改革甚至命题的会上，我们还专门请基础教育司的同志讲怎么把核心素养融汇到高中的各个学科里，基本上形成了学科素养。

而所谓的“四层”，则是高考改革的基本取向，包括必备知识、关键能力、学科素养、核心价值；所谓的“四翼”，则是包括基础性、综合性、应用性、创新性，特别考察学生灵活运用所学知识分析问题解决问题的能力，特别要引导学生加强自主学习、探究学习、合作学习，培养创新能力、独立思考方面的能力。我要用最简单的话把新高考的特点给大家做一个介绍。

新高考大纲的原则思路和过去有什么不同？变化主要有三个变化：第一个变化，从“独木桥”到“两依据一参考”。所谓“两依据”，一是依据高考的成绩，这是叫作语数外统考成绩，二是依据高中学业水平考试的三门选考成绩。“一参考”，参考高中综合素质评价。这意味着将来学生录取分由这三部分构成，让学生得到更全面的发展，进而体现前面说的服务选才和引导教学的目的，普通高校不是光看学生高考成绩，而是按照“两依据一参考”录取。这样更能体现孩子的水平，而不是我们那时候有一点失误憾终生。

上海高中学业水平分合格性考试、等级性考试，语数外必须考，信息、科技、体育、健身、劳动技术、艺术等七门科目只设合格性考试，思想政治、历史、地理、物理、化学、生命科学六门科目要分合格性考试和等级性考试，考完合格性考试后，再考等级性考试，通过合格性考试的学生可以根据高校招生的要求考相应的选考科目。

第二个变化，是从统考到选考。如果前面讲的是从“独木桥”变成三座桥，“两依据一参考”三座桥，合在一块更宽了。现在这里面是统考到选考，过去都知道，考几门，文理科分别考什么，没有多少自主权，得会选，而且你得知道你该选什么，既要满足报考学校的要求，还得根据你孩子的优势和特长，这就不容易了，这是很大的变化。上海六门功课选三门，如果把这个作为一个排列组合至少可以有 20 种组合方式，问题是你怎么组合它，你怎么选择它，你怎么把你这个选择跟你的优势特长更好地结合起来。从统考变为选考，增加选择性。

第三个变化，从“被动”到“主动”。这也是一个很大或者说很有含义的一种变化。所谓有含义的变化指什么？指过去在录取的时候，在学生招生报考志愿，填报志愿录取的时候学生很被动，基本上按照学校提供的院系学校专业来录取来报考。现在呢，大学本身在给学生提供报考志愿的时候，增加了可选择性，学生自身也有很多的选择，比如按照实施办法，上海市 2017 年高校本科招生推出“院校专业组”的办法，作为录取的基本单位，每个考生在本科普通批次最多可以选择“24 个院校专业组”，这是很大的选择。过去我们说重点院校报几项，地方院校报几项，过去招生录取一般出现什么情况，招生和报考的逻辑规律是什么？凡是报重点大学的考生他们报考逻辑一般是先大学后专业，只要先上好大学，专业不管，这是报重点大学的逻辑。报地方大学的逻辑，先专业后学校，先考虑专业好不好再考虑学校。现在这些问题不存在了，重点学校地方学校都可以把学校的因素和专业因素结合起来。

认识和管理自己

这三个变化会带来很多连锁反应，而且会对我们原有的教育体制和我们原来基础教育的培养模式、教学方法甚至包括家庭教育都会带来很大的直接的影响。

对高中学生来说，选择能力不足的问题特别突出。包括为了适应高中学业水平的考试选考、普通高中实行选修走读，过去培养模式使之习惯埋头学习，习惯于只追求成绩，对于高校学科专业的内涵缺乏了解，对于报考要求和规则缺乏了解，对于自身的兴趣特长和专业定向缺乏真正的挖掘和培养，是难以适应新高考要求的。

因此，在高中阶段就需要进行学生职业生涯教育，对学生职业发展进行指导，教他们怎么增加自主选择的能力，你会不会选？这需要几方面的能力。第一，学生是不是真正认识自己，是不是能够知道他是谁，大家都知道中国有一句老话，“人贵有自知之明”，一个人聪明不聪明很重要的是知道不知道自己，包括他知道不知道自己的长处优势特长，自己的短板缺点到底是什么，你要会选择，你得知道自己该选择什么，知道自己擅长什么。

第二，了解自己的特长，知道自己的优势在哪儿，光有兴趣不行，你有兴趣没有特长不擅长也是徒劳。 这一点对于我们现在的学生尤其是高中生特别重要，实事求是跟大家说，我们大家想想，我们这些孩子们相对我们来说他们的优势是什么? 过去毛泽东说，青年人是早晨八九点的太阳。 现在说青少年是最可贵的，是未来的希望，是一种可能性的存在，他们将来成为什么样的人都有可能，成为国家领导人，成为优秀的科学家，成为大的企业家，成为博学的教授……只有在认识自我的基础上，才能找到我要选择学的学科和适宜自己的专业。

这三个变化产生的另一个要求是学生要学会自己管好自己。 荀子说“自知者明，自胜者强”。 你能不能安排好自己的学习，调整好自己的行为方式，主动发挥自己的长处和优势，克服自己的弱点，弥补自身的短板，这都要求很好地管理自己，你光认识到自己，你管不住自己也是瞎掰。

有个特级教师总结自己优秀学生的学习方法，一个重要的方面就是管好自己。 这个学生会制定自己的学习计划，自己知道该什么时候干什么事，自己发现自己在学习中在发展中存在的问题，这是一种自我诊断的能力，自己知道自己哪个地方好，哪个地方不好。 他能够专注地学习，专注地训练，就是一种自我约束。 他能够自己找题目，自己设计题目来考自己，这就叫自我评价，包括自己不断地复习，自己能够调整好，控制自己情绪从容地做事。都是自己管理好自己。

新高考和传统高考相比，更强调选择能力，强调自我调整的能力，很重要的是除了我们前面讲的自我认识外，自己能把握自己。北京有一个高考状元家长被记者围着问，有什么好办法让孩子考试考得这么好。你知道家长怎么总结经验吗？那个家长跟记者说，我们两个忙得要命，我们根本没管他。他自己能管好自己。其实这恰恰是鼓励孩子自己管理自己。

下面给大家看黄炎培先生的一段话。黄炎培先生特别关心教育，经常到学校看、了解，他去看发现学校把学生管得一点活力都没有了，孩子们都变得规规矩矩的，没有生气，本来孩子是充满活力的，他就批评当时的教育，说你们这样管真是把孩子的创造力泯灭了，把孩子管得不像孩子，他甚至提倡本能教育，尊重儿童和青少年成长的规律。后来有人跟黄炎培先生说，黄先生你这样说是不是我们的学校要更加宽松一点？我们的教育要更加放任而不要太多的干预？黄炎培先生怎么回答？他说："非也。教育盖有其道焉。第一须启发其自觉心。"教育首先是要启发他的自觉性，不是简单的说管他，能把孩子管大吗？他没有自觉性能行吗？第二"须养成其自制力"。没有自制力，怎么能够把成绩弄好？在学校做研究的人都可以发现这个普遍规律，凡是学校学习成绩好的人都是很自觉的人，尤其是好的中学，孩子们的成绩之所以好，一方面和校长和老师有关系，另一方面跟学生有关系，学生学习本身很自觉，所以曾经有人专门写这样的文章，名校之争实质上是生源之争。好的生源来了，孩子们自己努力学习，自觉学习，老师教起课来事半功倍。一个家庭又何尝不是如此？家长管得越多，往往问题越大。

学校教育教学生认识外部自然、外部社会、外部的各种现象，但是不是也善于教我们的学生认识他们自己？这真的是一个相当有潜在风险的短板，我个人认为需要引起我们重视。我曾经在很多场合下问过我们的老师包括校长在教学生读书和知识的同时，问他们各种各样的问题，可是你们问过他们什么是学习吗？帮助他们认识到底什么是学校吗？我有一次在上海中福会少年宫，和上海特级教师开会，我在讲少年宫的学习，校外教育怎么和学校教育相联系的时候把学习的理论说了一下。有个特级教师跟我说，谢老师，这样来讨论学习问题，非常有意思。这叫什么知识？这叫元认知知识，对自己认知的认知。刚才说人贵有自知之明，贵在人有元认知，聪明的人聪明在于对自己的把握，一个人犯错误往往犯在把握不准确上。西方教育的基础叫作认识你自己，包括对自己行为的认识，包括对自己行为的调控。我们学校教育很注重知识教育，但是对自己的认识，教师问得很少，为什么不问？这样的现象是不是值得家长做一点反思？

家庭教育在帮助和引导学生提高认识自我的能力上有比学校教育更大的优势。家庭教育中能够针对独特的个体，学校教育却很难实现。

认识和管理孩子

第一个，他(或她)是谁，建议每个家长问一下自己，你的孩子是谁。我们刚才说对于中学生来说，他面临他成长很大的挑战是，认识他自己是谁，我是谁，对于家长来说，那就要回答他(或她)是谁，他(或她)是什么样的人，你知道吗？过去战国时期先秦时代有一个故事“知子莫若父”。它是加引号的父，包括母亲。做父母的很重要的，你得懂你的孩子，你得认识你的孩子他是什么样的人。

这种认识包括两个方面。第一个方面，他是谁？对孩子来说他要认识他自己，对家长来说你要认识他，这个他包括什么呢？他的本性是什么，他是什么样性格的人，你知道吗？你要不知道，他自己给自己定性了。你知道现在中学生怎么给自己定性吗？找星座，金牛座、蝎子座，因为他也得知道自己是什么样的人，他得有理由，他根据自己哪个月出生，把自己定性在某类性格上面。到现在为止不敢说星座一定是科学或者不科学，不过我个人总觉得同样一个月出生的性格好像差异挺大的。但是这件事情告诉我们家长的是，你不去认识他到底是什么样的人，不去引导或者启发，或者告诉他引导他指导他，他自己是什么样的人，他自己已经找座位了。

第二个方面，他是什么样的人，他的特长是什么，他的兴趣是什么，他的潜质是什么，你得有一个认识。别钢琴也学，足球也练，各种各样的比赛都去参加，唯恐失去了机会。你送孩子参加的项目越多，说明你对自己的孩子越不了解。送得越多，越说明家长对孩子不关心。这个话说得有点绝对，实质上就是这样，你并不知道你的孩子真正适合学什么。用一个不大贴切的比喻，不断买衣服的人实际上是最不会穿衣服的人。真正会穿衣服的人买那么多衣服干嘛，他知道怎么搭配自己的几件衣服就好了，不会穿衣服的人拼命地买。对一个孩子来说，他对自己的认识也是这样，包括孩子到底想做一个什么样的人，你也得了解他。包括他的特长、潜质是什么，建议大家可以参照一下多元智能理论，分九类，如语言、数理逻辑、空间、运动、音乐、人际关系、内省等，你看看你的孩子适合哪一类，他适合做什么样的人，他想做什么样的人，价值观是怎么样的，道德趋向是什么样的，他对别人是什么样的态度，对自己什么态度，对自然界什么态度，对社会什么态度，考虑问题方式是比较现实还是比较理想，都是我们去认识学生或者认识一个青少年的办法。

第三个方面，他内心的烦恼是什么，我们是不是真正知道孩子们内心的烦恼，成长的烦恼？我问了很多家长，他们都认为孩子成长过程中最大的烦恼是考大学，或者说升学，真的是这样吗？可能不一定。

大量的研究和事实表明，到了中学，尤其到了高中以后，成长的烦恼，如果用学术语言讲是自我认同与学业发展的矛盾。什么意思？一方面是他不知道自己是谁，自己到底是什么样的人，这叫自我认同，回答我是谁，这是一种很纠结的地方。这时候有很多不同的反应。另一方面，学业的压力、考试，每次分数，甚至有些排名、竞争，家长和社会给他的压力纷至沓来。在这个过程中，我学这些东西对将来发展有什么用？我是不是适合学这些东西？其实大量的研究表明，在中学生，尤其在高中生，这个矛盾是他们心中最大的烦恼，或者是他们的纠结所在。

给大家介绍丹麦非常有名的教育学家克努兹·伊列雷斯的观点。他说："这种矛盾的关系，认识自己跟外部学业压力会导致很多的问题，因为学校和教育系统主要用来处理学科学习，而在最广泛意义上的身份认同，我是谁的问题才是青年人所关注的东西。因此，青年人多多少少不太情愿地对学业科目的要求作出反应，其中大多数的人是被迫去关心这些科目要求。"这个观点在不同的国家在不同的时候都可以得到验证，青少年在发展过程中就会问非常敏感的问题，让他很纠结的事情，到底是谁，到底应该成为什么样的人。比如家长对他说，你是这样的人，老师说他是这样的人，同学说他是这样的人。他在不同的场合也会有不同的反应，到底自己是什么样的人。小孩子小的时候不管给他穿什么衣服、怎么打扮他都没有意见，该给他衣服穿就给他衣服穿。等上中学后，尤其是有一些女孩子，穿衣服开始挑剔了，也不愿父母给她穿衣打扮，更多想学会自己打扮自己。孩子穿出去后，同学七嘴八舌说穿这个衣服好看，那个衣服不好看，老师也做评价。如果这个评价比较一致的话，他会天天穿这个衣服；如果评价不一致，这个衣服基本不穿了。你得告诉他这个孩子穿什么衣服好看，这叫穿衣服的自我认同，适合穿什么衣服，很多人到大了以后都不知道自己穿什么衣服好。

刚才我说的教育学家，他说这个例子，可以被视为这种冲突的典型战场，在大多数情况下，青少年学生的身份认同的压力大于学业或者成绩的压力。有的时候，你当然关心它的学习成绩，可是你在关心他学习成绩的时候更多帮助他认识他自己，这样间接的帮助他提高他的学习成绩，激发他的学习兴趣，调动他的学习热情。这才叫作授人以鱼不如授人以渔。

克努兹说："尽管青年期的教育会以一种有着特定科目内容的教育面貌展开，但是所有从十二三岁开始的青年期的教育，其导向是高度朝向身份认同的形成，并且只能够根据此加以理解。对于大多数今天的青年人来说，身份认同的重要性远远超过了表面上能够直接感受到的，而且比职业生涯的方向要紧迫得多。某种程度上身份认同是职业生涯选择的前提条件。"我可以告诉大家一个很重要的理论或者是一个规律性的东西，有些孩子们学习成绩不好并不是因为学习能力有问题，也并不是智力有问题，关键是不用功，不用功的原因在哪儿，是因为不知道学这些东西有什么意义，不知道学这些东西干什么。毛病在这，这就叫身份认同，这就叫我是谁的问题，不是学习智力差，有时候我们经常发现孩子突然在一两个星期内变了一个人，他悟到了学习的意义。

怎么实现或者履行认识他是谁呢？ 有什么办法？ 至少有几条路径。 第一条路径，你要分析一下，他的一些想法，他的一些感觉和他的实际行为之间的差距在哪儿。 你就能发现他想的和他感觉到的东西以及和他实际做的东西有没有差别，这个差别究竟在哪儿？ 这恰恰反映他认识上的偏差或者在行为上的某些偏差。 如果在这些差异中有一种规律性或者有一种比较稳定的差异的话，可以认识到他的优点和某些不足。 第二条路径，让孩子们自己评价自己，你回家的时候经常会发现，这些孩子会评价别人，某某怎么样，会说自己怎么样，这时候一定要注意他是怎么样去评价自己和评价别人，而且怎么把自己和别人进行比较，同时在比较中有什么样的倾向，是羡慕别人还是瞧不起别人。 由此发现他的性格特征和他的偏好。 这就是具体的办法，他在这个地方可以找到他心灵的定位和特征在哪里。 第三条路径，在现实中可以发现孩子们，他发现对这个世界的认识，或者对电影的评价，或者对一件事情、事件的评价和别人不一样，而且自己在不同情况下评价也会不一样，今天对这个事情是这样评价，明天过段时间后对这个事情的评价会发生变化，家长要注意，这种变化是经常性的，是稳定的，还是偶然的。 看一场电影或者参加一个体育活动，或者参与社会活动，他对这件事情的评价是不是稳定的，如果在这个过程中是稳定的，你可以由此发现他是什么样的人，他的个性他的偏好他的特征是什么、他的理想是什么，如果在评价过程中发生变化，而且这个变化在某种程度上具有一定收敛特点，比较相似，具有比较稳定的特征，你可以通过变化认识他是谁。

一个儿童也好，一个青少年学生也好，他是不能单纯靠自己来认识他自己，他一定是要通过别人来认识他自己。而在他通过别人来认识他自己的过程中，这个别人和外部的事物就是一面镜子，这是在社会学理论中很著名的“镜中我”的理论。父母、家长、家庭就是他非常重要的一面镜子，因为他在你这面镜子面前几乎暴露无遗，很直截了当。他在这面镜子中看到的自己是非常透彻的。家庭这面镜子和学校这面镜子是不一样的。但是如果你不能对于镜子展现给你的东西做一些很深入细致和系统的观察，那么你就失去了这面镜子的作用了。这是我们说的作为家庭教育来说，作为家长来说，这是非常重要的责任。你认识他是谁，他的性格，他的特征，他的优势，他的理想究竟是什么，以及他在成长过程中的烦恼，主要矛盾是什么，而在这个主要矛盾过程中，矛盾的主要方面又是什么。咱们心中要有一个基本判断才行。

对于孩子们来说，经常出问题的三种现象。第一种是过早闭合型，就是家长过于包办，过于干预，过于强势，让孩子们完全听从父母的，或者听从老师的，说你是什么样的人，以至于没有一个自己真正通过各种“镜子”了解自己认识自己的过程。这叫过早的闭合型，实际上这种自己认识自己并不是他自己完成的，而是家长或老师代替他完成的。

第二种是迷失型，到高中阶段本来对自己有认识，但是认识不了，没有人指导他，今天一个人说孩子很聪明，明天另一个人说孩子太调皮，各种不同的说法说到他身上，他在想我到底是什么人。尤其在家庭中，父亲跟他说你是这样的人，母亲说是那样的人，完蛋了。他迷失了自我，所以对于他是什么样的人，家里人最好统一一下口径。

第三种是延缓型，因为他在这个时候不知道自己是谁，他就不对自己做判断，也没有人帮他，干脆这时候随大流，盲从，别人怎么样我跟着怎么样。他到大学后还会出现这样的问题，甚至在清华大学也有这样的现象，学到大学毕业了，大学物理系四年毕业了，毕业后呢？最后怎么办？不想学了，最后考国外研究生，报考芝加哥大学，什么研究生？MAX是综合性过渡性的硕士专业，里面包括经济学、社会学、人类学、心理学、政治学几个学科报在一块，这是过渡型一年的硕士。我们还有一个学生延缓了，到读博士，到博士后了，到科学院读一个学科，他的老师本来计划送他到国外读博士后，但老师看到桌上留了一封信，不辞而别，实在不想做科研了。他自己选择到中学当老师了。每个人都要过这一关。

培养自律和私德

从家庭教育的角度来说，必须去帮助孩子们一起形成和发展对他或者对他自己人格特征的认识，帮助和引导他合理地管理自己，对自己所思所为形成认同感。在认识的基础上，帮助他管理自己，这个可能比认识自己还要难一点，现在孩子们玩手机，玩游戏，不可自拔的现象很多，自己管不住自己的很多。

第一，关于培养自律的建议，我们中国传统文化里有很多，知止、慎独、存心养性等。中国的《大学》里讲到修养之路的时候说：“知止而后有定，定而后能静，静而后能安，安而后能虑，虑而后能得。物有本末，事有终始，知所先后，则近道矣。”定、静、安、虑、得，都是修养的办法。

西方有一些值得我们借鉴的东西，如米歇尔“延迟满足”，特别培养稍微小一点的孩子的时候，可以用这种办法。“延迟满足”的实验讲的是什么，给孩子糖果之类好吃的东西，这时候你跟他说，我现在出去一下，等我回来再吃的话，我可以给你翻倍。这时候孩子就不一样了。有些孩子忍不住，看到这么好的糖果就吃下去了。有些孩子拿过来闻闻，忍住了。吃了就吃了，没吃的给他翻倍奖励。这对于培养他控制自己的能力是很好的办法。米歇尔后来对参与这些实验的儿童做了一个追踪调查，发现当年在延迟满足实验中能够控制自己不吃的孩子，后来发展都很好。这是自控对成长的价值。

第二，孩子们取得了成绩后，你在家里是怎么表扬他的？你们会表扬吗？表扬里有什么道理吗？表扬里面有什么诀窍吗？表扬从心理学上讲，是归因，比如说这个孩子取得了好的成绩，你说你真棒真聪明，你这是归因，你归因在他很聪明上。如果你鼓励孩子发展某种素质或者希望培养某种素养，你就往这方面归因。比如这个孩子毅力不够，你在他取得成绩的时候你往毅力方面归因，说：“孩子这次表现很好，毅力不错”，如果孩子不愿意跟别人合作，你表扬他的时候说“你这次取得的成绩不错，因为你跟别人多合作了”。你往希望培养和发展的素质方面归因，这是非常重要的表扬的技巧。他哪些方面不够，他需要强化某些方面，你往这方面归因，尽管不一定是这样取得的。

第三，自我控制两阶段。这是对大一点的孩子来说，跟他说明你控制和不控制自己，你自己能不能认识到自己，你可能的影响或者说后果会是怎么样，这叫自我认识的两阶段模型。你告诉他你如果不能自己认识自己，不能很好地调整和管理自己的话，后果会怎么样，让他作出调整。而且在这里，特别要注意培养孩子们的毅力。

家庭教育在帮助孩子们形成自觉性和自己管理的过程中，有一个特别有优势的地方，可以培养孩子的私德。公德和私德怎么分？所谓公德，用梁启超先生的话说，人人相善其群，做对群体对集体有意义的事情，符合公共利益的事情。所谓私德，各个独善其身，或者叫人人独善其身。每个人要独善其身，就意味着我自己要对自己有所规范。

专门说一下私德。私德是非常关键的东西，在中国的传统文化中也是非常讲究的，我们前面讲的自觉性或者新高考对学生的自我认识、自我管理的要求，在很大程度上，正是私德的重要内容。给大家讲几段话，这是陶行知先生说的话，他说先把公德说了一遍，“再说‘私德’，私德不讲究的人每每就是成为妨碍公德的人，所以一个人私德更是要紧，私德更是公德的根本。私德最重要的是‘廉洁’，一切坏心术坏行为，都由不廉洁而引起。由私德的健全，而扩大公德的效用，来为集体谋利益”。

梁启超先生在1902年写了一本书，认为真正要改变中国的面貌，光有体制上的改变不行，要有一批具有新的道德意识的群众、公民。他当时写了一本书《新民说》，他认为中国人最缺的是公德。家里可以很安静，到外面则大声喧哗。后来重新修订这本书的时候，他的思想发生了变化，他专门写了《论私德》一章，他认为，从广义上来说，道德就是一个整体，包括公德和私德，它们是一个整体，无所谓公私，如果把它分开说，则有公德和私德的区分。而公德与私德的关系中，可以有私德醇美，而公德尚多未完者。即可以有私德很好，公德还做得不好的人，而绝对没有私德不好，公德很好的人，绝对没有，要有也是假公德。引用孟子说的话，古代的那些有成就的或者有很高地位有影响力的人之所以做得很好，并没有什么特别的地方，不过是善于把自己所作所为向社会向公众加以推广。所以他说：“公德者私德之推也，知私德而不知公德，所缺者只在一推，蔑私德而谬托公德，并所以推之具而不存也。”公德是私德的推广，如果你只有私德没有公德，缺的是推的问题，你说看不起私德，大谈所谓的公德，推的东西都没有，养成私德，德育之事思过半焉。

章太炎先生说道德的本源在私德上。哪些私德，第一知耻，中国人说礼仪治人之大法，管理这个社会、国家、组织，管理别的人要靠礼仪。廉耻是立人之大节，要立一个人关键看他有廉耻。又说礼义廉耻，耻为尤要。一切不好的事都源于无耻。第二重厚，自尊自爱。第三耿介，做人有原则，不要太轻浮。第四必信。

既然私德这么重要，私德最好的培养的环境和空间就在家庭，因为家庭是一个最典型的私人领域。在公共场所，大家很自觉都会有一种约束，你要大声说话别人会看你，或者你做一些不文明的举动，大家都会鄙视你。可是在家庭，这个私人领域，没有外部压力约束你，更多的是靠你自己来约束你自己，所以从理论和从实践上讲，在私人领域培养私德最适当、最恰当。通过私德培养有廉耻心，自尊自爱，有耿介，有诚信，当然能够管住自己，在学校有很多外部公共的规范来约束它，我们说在学校很乖，到家里不乖，为什么？家庭环境中没有像社会那样严格系统的法律法规和行为规范的约束，更多的是依靠家庭成员的管教和个人自觉。

私德的培养也是在儿童阶段。中国有一句老话："三岁看大，七岁看老"。三岁的时候基本在家庭里，七岁的时候，家庭教育也承担很多，三岁看大，七岁看老看什么？看这个时候认识多少字吗？看这个时候会做多少数学题吗？看这个时候钢琴达到多少级吗？不是，是看性格，看品质、品德、品性。中国老话不能不信，类似的一个研究也佐证了这点，加州和俄勒冈州搞教育研究的人在 20 世纪四五十年代从美国夏威夷获得一批资料，什么资料？ 当时夏威夷一批小学老师，他们在50年代的时候给当年的小学生写了一些品行评语，他们根据名单找那些学生，找到好几百人，通过这些人的朋友、家人、他自己，包括熟悉他的人来了解。 当年和小学老师给他做的品行的评语和现在对他的评价非常吻合。

现在整个新的孩子发育模式，在新的时代有一些变化。 新的发育模式说一个人的发育是两个系统在起作用，一个系统叫情感和动机系统，主要是刺激和解决激发你干什么事的生理系统的发育；另外一个系统，叫控制系统。 怎么调解自己的行为，如果前面是比喻为汽车的油门，后面控制系统好像是汽车的刹车。 现在的儿童或者现在青少年发育程度发育状况是什么，情感和动机系统的发育速度和发育程度明显快于控制系统发育。 为什么？ 因为现在情感和动机系统发展的资源太丰富，信息社会给他刺激太多，以至于这方面发育非常快，远远超过了正常的稍微快于控制系统发育的程度，控制系统就落后，稍微迟滞一点。 在家庭教育当中怎么更好地帮助他解决控制系统的发育，这是非常关键的。

我想跟大家举一个例子，我问了很多中小学的体育老师，上体育课的目的是什么？ 是不是要训练孩子们像兔子一样灵活敏捷，像大熊一样有力？ 不是的。 梁漱溟有一句话说，体育课最重要的目的是训练孩子能够用他的意志驾驭他的身体。 你想训练他跑得像马那么快？ 没必要。 开汽车开得比马还快。我能不能用意志控制身体？ 真正成为身体的主人，克服一些极限。这是你的本事，这是体育课的价值。为什么说新高考这样一改革，对孩子们自我认识、自我管理的要求提高了？安吉拉·达克沃斯是美国宾州大学华裔心理学副教授，他提出了一些新的概念，他认为对影响美国孩子的成功的因素中来说，最大的是能不能坚毅，有没有耐心，他提出了一些怎么帮助家长培养孩子毅力的办法，比如把挑战摆在孩子面前，同时不要在感觉糟糕的时候结束一件事，再拖一下，坚持一分钟。如果感觉很糟糕的时候就结束了，一下轻松了，结果事情没有做到最好。所以家长要在适时做必要的推动，没有哪一个孩子完全自觉，那么自觉那么自动，不可能，确实要靠父母推动他。过去开玩笑，小学的孩子一定是要讲三个字，盯、关、跟，盯住、关心、跟踪，同时让孩子们拥抱无聊和沮丧。有的时候失败了也没有什么关系，要有毅力坚持下去。

互动空间

提问者1：非常感谢您精彩的分享，现在的家庭教育确实存在很大的风险。我是从事婴幼儿家庭教育的，我们去年接触了超过5 000万个幼儿家长，我们问了一个问题：你们现在比较清楚孩子的兴趣特长是什么？请举手，结果举手的不到10%。中考也在改革，我想未来会到学前教育改革。家庭教育承担起主要的责任。教育改革大背景下，是不是可以这样理解，改革的根本是因材施教，如果是因材施教的话，我们因材可能内因是方向，像种子一样，不同的种子得不同的果实，施教是后天培养的方法，这个材是指什么？ 如何去发现孩子的材。

谢维和：基础教育和高等教育还是不大一样，从基础教育的角度来讲，我们一般不讲人才教育，讲人的教育，人的培养。 在基础教育阶段，特别是在初中以前过多讲人才，对孩子全面发展是不利的。 我个人的观点，在义务教育阶段，应该是充分地展现或者提供给孩子们各种可能性，这是最重要的，因为这是他真正的优势，这个时候并不意味着在众多可能性已经选择了哪种可能性。 这是作为一个培养人的教育，在这个阶段不要过多地强调才。 但是在高中阶段后，特别到高中阶段向大学阶段发展的时候，就逐渐要从对人的培养转化到对人才的培养，这时候说孩子要认识他自己是谁，家长认识你孩子是谁，其实面临了我刚才说的风险问题，他怎么在诸多的可能性中找到最适合他的可能性呢，这就是风险。 这个材对每一个孩子来说都不一样，尽管我们在人才测评的时候有各种办法，包括用IQ、EQ，人的思维风格，包括社会交往的方式等，我们可以列举很多这样的评价或者测试人才的办法出来。 但是对每个孩子来说，他可能都不一样，而且在不同的阶段，也要对这两者做一个合理的区分更有利于他们发展。 但不管怎么样，你能不能让自己的孩子们去认识他自己，从而知道自己优势特长适合干什么，在小学在初中阶段让他自己充分的展示各种可能性，尝试各种可能性这是教育很关键的一点。

提问者 2：我有两个孩子，老大四年级，老二三岁，对我来说，我想关心的问题是，您刚才说到一个是兴趣，一个是优势，这两个是有区别的。 如果他的兴趣恰恰不是他的优势，他的优势又没有兴趣，在这样的情况下，我们家长该做些什么？

谢维和： 第一，兴趣有时候也会骗人的，美国有一个很著名的教育学家叫杜威，他在《学校与社会》这本书里用拟人的方式专门模拟一段“兴趣”和“努力”两者之间的对话。 一个人叫兴趣，一个人叫努力。 叫兴趣的人说兴趣对于一个人的成长最重要。 叫努力的人说努力对一个人的成长最重要。 两个人不断地吵来吵去。 为什么这样说？ 他说喜欢的东西不是他擅长的东西，这时候第一步很重要的，你得分清楚这是他真正的兴趣吗，是他内在的稳定的兴趣，还是因为表面上对某个事物外部的绚丽的色彩和某种好玩的东西的刺激，让他有短暂的兴趣，你得学会区分，否则被他蒙蔽了，过两天又换了兴趣，中国人说，不怕立长志，就怕长立志。

第二，有的时候，确实每个人学会做一些自己不大喜欢的事情。 你要发现，在孩子们各种各样的兴趣中，哪些可能真正适合他，这是对你家长的挑战。 兴趣是我们认识孩子的切入点，在诸多的兴趣中，现在孩子们肯定不止一种兴趣，这都是很重要的观点。 哪个是符合他，这是家长很重要的责任，如果你不能告诉他，他将来不会太爱你。 他认为你只是生了他的身体而已。

新高考背景下的家庭教育

郑朝晖

专家介绍：郑朝晖，建平中学副校长，建平教育集团秘书长，全国语文报刊协会课堂教学研究会常务理事，上海市语文特级教师，上海市写作学会理事，华东师范大学语文教育研究所研究员，上海市中小学国学教育专业委员会副会长。

今天想利用一点时间跟大家谈四个方面的问题，第一，是看一看我们新的高考招生制度的改革，会给我们的学校、学生、家庭带来哪些变化。第二，这种制度的变化引发的学生的学习方式会有哪些改变，或者学习观念会有哪些改变。第三，这种改变给学生带来了哪些竞争上的改变？形式的转变背后竞争点究竟在哪里？第四，既然把这些问题都分析清楚了，我们希望能够针对这些问题，对于我们的家庭教育如何适应变化提出一点自己的想法。

新高考的新特点

首先，我们看新的高考招生制度的变革。 我在这儿列了三点。 第一点增加了选择性。 我们现在很多人讲高考改革翻来覆去整天就是干这点事，其实不然。 虽然在考试的门数上3+3、3+1、3+X，很多人说已经搞不清楚高考究竟考多少门。 但事实上，根本的问题不在于考试的门数变化，而在于它给予了学生更多的学科选择的自主权。 原来一个孩子进入学校以后，学多少门功课，哪个学期怎么学是由学校说了算，现在你进入学校以后，学什么？ 怎么学？ 有很大一部分的主动权交到了学生的手里。

大家都知道我们现在新的高考招生制度的改革，每一门课都有两种考的可能性。 一种叫作合格考，一种叫作等级考。就是说在高考选课过程当中是可以进行选择的，你可以针对自己的学习优势来选择自己的学习强势学科参加等级考。 你也可以根据社会发展的需要来确立自己参加等级考的科目。 这样就把主动权交给了学生，当然也是交给了家庭。

第二点，考试方式的变革。 上海高考招生制度改革，可以用一句话概括，叫作“两依据一参考”。 所谓两依据第一个当然是依据语数外三门功课的高考成绩，第二个是选的三门课的等级考成绩，这两样东西加起来就是我们传统意义上所谓的高考成绩。另外一个就是还要加上综合评价，这是用来参考的一个重要指标，这样一来高考的成绩或者说语数外的成绩加上三门加试的学科成绩（两依据），加上你综合评价的情况，就形成了你的高考录取的一个重要指标。有人说综合素质评价，或者说现在自主招生有没有那么大的力度呢？它会不会改变一个孩子的命运呢？

对于高考来说，考同一个学校的那类人差距是不大的，都是挤在同一个层次里面。当这个分数差距不大的时候，高校给你打的分从统计学的角度来讲它的离散度就足够大。当这个地方高考成绩离散度很小，自主招生离散度很大的时候，谁能够起到决定性的作用呢？高校就可以起到决定性的作用，自主招生尤其是在面试过程当中各位同学的表现是很关键的，从我们的经验来看真的是有一些同学高考成绩比较优秀，但是最后却没有能够进入他心仪的大学，有些同学刚刚进入标准线，因为面试优异进入到自己心仪的大学。这样的案例很多，说明了高校充分利用高考招生制度改革政策上的变化为自己赢得更多话语权。这就是我们讲新高考考试方式的变革。

第三点，我们现在增加了很多综合素质的评价，在综合素质评价这块里面也是有规范的要求和自主选择的要求。如果有学科特长或者个性特长，能够在综合素质评价当中得到充分的展现。你如果能够在高中阶段有些艺术方面的创造，有一些科技方面的研究，比如说小发明、小创造。我们现在有很多高中的孩子已经手里握着几个专利了，这样的东西在自主招生过程当中都是非常有利。这告诉我们原来那种关在象牙塔里死读书，只要几门主课成绩好就能够上名校的传统观念已经受到了强有力的冲击。现在我们需要更多是学业素养很高，同时社会责任意识很强，加上个性鲜明特长突出的孩子，才能够在这样的竞争当中脱颖而出。这就是现在新的高考招生制度变革之后发生的变化。

学习方式和观念的改变

围绕这样的变化，孩子们在课堂当中和日常学习当中究竟发生了哪些变化呢？在学生学习方式中，至少有四项重要的改变。第一，他有了更多或者需要更多自主学习的时间，原本孩子们进入了学校，家长都会比较放心，因为从上课铃响开始孩子们都在一个教室里面上课下课最后放学回家。现在我们的孩子是有选择的，有些科目只要完成合格考就足够了。有些需要在合格基础上参加等级考，由于选课的差异，造成并不是所有的孩子都上一样的课。

大家都知道一个学校、一个班的孩子不能都上同样的课的时候，它就一定要用自修课调整整个排课的结构。你有没有发现其实你的孩子在学校里并不是每一节课、每个时间段都有学校帮你规划安排学习时间的？并不是每时每刻学校都在为你提出学习要求的？必然有所谓的空仓期。

第二，学校为了应对综合素质评价，也一定要腾出一定的课时让孩子们进行独立、自主的小课题、小发明、小研究，这些活动也需要占用课时。这些课时能不能统一？不能统一，原因在哪里？每一个孩子的研究方向、个性特点都是不同的。这就意味着在这个时间段，学校有统一的时间、学习的要求，但是对于学习内容、学习目标、学习要求是不一样的。在这样的情况下，自主学习的时间就变得比原来更多了，这是第一个变化。

第二，你为什么要选这些学科？你为什么要做这方面的研究？其实这些都取决于你的自我设计和自我规划。我将来想从事哪一方面的工作，我就必须加试哪一方面的学科。我将来想从事哪方面的工作，我就必须增加哪一方面的人生阅历。如果我们没有自我规划和自我决策的能力，随大流，没有办法完成好整个高中阶段的学习，必须自己对自己有一个准确的判断和理解。

第三，要做到这个改变很重要的一点就是认识你自己，对自己如果没有一个清醒的认识就很难做出判断和规划，如何很好地认识自己的优势和劣势？如何把自己的学习优势和社会发展有机地结合起来，这决定了你整个高中阶段的设计是否成功，高中阶段学习设计成功与否又决定了你能不能在高考当中能够成为人生的赢家。

第四，综合素质评价拼的是什么？说到底拼的就是人生阅历。你光关在课堂里读两本书，做两道题解决不了这个问题，你需要有更开阔的视野，更丰富的经历和更拿得出手的成绩。我们会发现，学生学习方式的改变本身是由我们高考招生制度的变化引起，由此，我们要去改变我们的家庭教育。因为完全不一样了，和你们曾经想的学校教育已经完全不同了。如果我们还有传统想法进行我们以为正确的家庭教育，往往可能就适得其反。

新的高考改革之后，学生与学生之间的竞争大概发生在如下几个方面：第一方面，目标是确立智慧的竞争，我们曾经觉得很多行业是金饭碗、铁饭碗，一窝蜂地考某些专业，从事某一个行业。现在大家都意识到了这些行业已经成为了夕阳行业，没有了竞争力。确立人生目标本身就是竞争的一个重要因素，这变得非常重要。

确立人生目标实际上有三个要素是大家必须要考虑的，这三个要素是宋代的政治家、文学家王安石为我们概括的。我们很多家长在中学阶段也曾经学过这篇著名的散文，王安石在《游褒禅山记》当中提出了目标制定的三个因素：志、力、物。志就是志向，就是心理品质。学生与学生之间的竞争首先表现在心理品质的竞争，有好的心理品质的学生抗挫折、抗压的能力比较强，自我调适的能力也会比较强。缺乏这种心理品质的孩子，往往会出现焦虑、躁动不安，甚至自暴自弃。从我们学习心理学的角度来讲叫做习得无助。这样的状态是由于心理品质不够好造成的，这就给我们带来了很重要的家庭教育需要思考的问题。

很多家长孩子学习成绩不太好跑到学校来跟老师讲我们孩子初中成绩很好，为什么现在这么差？ 实际上初中到高中有两方面因素会影响他，第一竞争人群不一样了，第二人从初中到高中阶段实际上是身心发生变化的时期，这个时期人不仅在长个，心理也在发生改变。 这种改变如果是正向的，会促进他不断地变好，如果是负向那么往往会对他产生更大的影响。

第二个因素是力，力就是对自己能力准确的判断。 最近我遇到了一个家长跟我讲他的孩子在一个私立学校排名大概中等偏下，他跟我讲我孩子的目标一定是市重点中学。 我说你分析过你们这个学校往年在中等偏下这个分数段有多少人考取了市重点？ 没有，但是他说我相信我的孩子，因为我们都很聪明。我小时候读书也不好，最后我也考上了我们县里的名牌学校。这个家长充满了信心。 但是有些东西是客观存在的，对于一个孩子的能力评价实际上是和你对他的期望值密切相关。 我们有些家长会很盲目地评价自己的孩子，尤其是成功的爸爸，他觉得自己都那么成功了，自己的孩子怎么可能不成功呢？ 那么这里面实际上是有一个问题的，因为你的期望值如果远远高于孩子的实际能力，会无形当中给予这个孩子巨大的心理压力。

对目标确定上面应该有一个恰如其分的切入点。 我一直讲六个字尽人事听天命，你对自己能力要有准确把握，在你能力范围之内，你要把事情做得最好。 但是这件事如果已经做到最好了结果会怎么样不是我关心的，因为有太多因素会影响这件事。 这就是一种好的心态，因为你对自己能做到什么样，最后做到什么样应该有一个准确的判断，而不是用远远高于自己的能力，把自己逼到心理绝望的状态上去。

第三个是物，物就是资源和环境。一个孩子目标的确立是不能盲目的，还是要和我们所拥有的资源，我们所具有的客观条件紧密地联系在一起的。如果他没有这个客观条件你一定要让他做这件事，其实有的时候也是勉为其难。你有没有发现公元1000多年的时候，我们老祖宗的思路已经是非常的缜密了。他知道这三个要素缺一不可，王安石最后也告诉我们这三者当中哪一项最重要？志是最重要的。

第二个方面当然是对自己了解的深入程度，这也是一个很重要的竞争，我们经常讲错位竞争、错位发展，什么是发展？为什么我可以干这个？是因为我有这方面的能力。在这儿我要讲的是两面神，是古罗马的门神，一面朝着屋子里面，一面朝屋子外面。一方面看看我们自己，一方面看看我们的世界。当我们把自己和整个社会的发展结合起来的时候，我们对自己的认识才是清晰、准确、完整的。当我们有了正面理解以后，我们才能够找准自己发展的目标。第二个竞争是来自于对自己的认知，一个高中阶段家长要培养孩子的就是认识自己。

第三个方面是计划性，我刚才讲过高考招生制度改革以后，学生自主学习的时间越来越多了，他自由支配时间越来越多了，当时间越来越多的时候会出现两个极端。一个极端是他的学习效率更高了，因为他知道自己要什么，知道自己怎样做，还有是学习效率更低。为什么？因为有太多的时间他需要自己把控的时候，他既没有方向也没有方法。 于是天天玩，天天吃鸡，天天王者荣耀，于是时间在这个过程当中耗费掉了。

我跟大家交流一个想法。 你知道游戏这个玩意儿是家长们深恶痛绝的，但是你越是禁止，游戏这个东西的魅力越与日俱增，因为他不知道所以你给了他充分想象的空间。 其实很多好孩子会很矫情地说，我也打游戏，我也熬夜看足球，我也干这个，我也干那个。 很多普通的孩子跟爸爸妈妈说你看牛娃们也干这个也干那个，牛娃们也打游戏，你凭什么不让我干？ 牛娃们说话不是有假而是有漏，他漏掉的是他知道什么时候应该干什么事情。 正因为他有计划性，所以他把游戏也放在了他的计划之内。 家长们不是说不要让孩子打游戏，因为孩子需要社交，当他对社交公共话题一无所知的时候他会有社交失落感。这对于他的心理发展并没有益处，我讲的前提是一定要把娱乐活动纳入到计划当中。 所谓计划性实际上包含了这么多内容。

计划性还体现在做功课上面，今天有一大堆作业，但是现在晚上 7 点了，我最多到 12 点要睡觉的，我有 5 个小时，但是我有 8 门功课的作业。 5 个小时能不能做 8 门功课的作业，理论上是可行，但是如果遇到这么一个同学就不可行了。 哎呀，5 个小时要 8 门功课，我先做什么好？ 我先做语文吧，做做语文，哎呀这个古诗太难了我不懂，要不我先做数学，数学做又不会，那么我就先做英语。 就在这里跑来跑去的过程当中，忽然发现两个小时已经过去了。 他内心就出现巨大的恐慌，两个小时过去一样也没有做好。

这叫什么？ 焦虑。 焦虑造成最后的结果是什么也做不出来，原因在哪里？ 他没有计划，不懂得时间管理。 因为时间管理是一门技术，并不是说我们嘴上说好好管理时间就可以解决。 必须把目标分解得更细，每个目标要有一个具体的时间解决它，什么叫目标分析得细？ 就是要把一个不可能完成的目标分解到每个目标都是一下就可以完成的。

所谓王健林讲的小目标，对于你们来说 1 亿元是大目标，但是对于王健林来说 1 亿元并不是很难实现。 我规定自己这首古诗我不能理解，但是我能不能花 5 分钟背出来，我可以做到就先做这件事。 先做什么后做什么怎么把不可能的目标分解成每一个可行的目标，把每一个可行目标的确定一个时间，这些都是需要我们进行培养。

比如说假期，孩子会做一个计划，6 点起来读英语，7 点吃早饭，8—11 点做作业，中午午休，下午继续做作业，晚上看世界名著。 写得好好的贴在墙上，第一天完成了一半第二天算了，明天再完成吧，到第三天那张纸找不到了。 原因在哪里？ 这哪像放假？ 这像过集中营。 计划本身要有合理性，孩子的思维很极端，你让他做计划你会发现他比牛娃还牛，执行计划的时候他比普娃还普。

我们家长是成年人，我们会想得很周到，当他对自己计划得很苛刻的时候，我们要提醒他合理安排。 我倒是觉得应该给自己留一点打游戏的时间。 你想想看当家长提醒他可以打一点游戏的时候，和他在你淫威之下在被窝里偷偷打游戏的时候感受是完全不一样的。我们制定计划的时候，第一，目标要具体，不是看世界名著，而是我今天能看几页世界名著，我看多少内容。今天这点内容不看完我肯定不睡觉，我今天抓紧时间看完之后我可以早点睡觉或者可以干别的事情，但是这个目标要具体，否则怎么来实现？这个目标具体到要可以测量，比如说我看世界名著今天看了一章，看到什么样算是看完了。你能够跟我讲这章讲了什么事情，你讲清楚了说明看好了，讲不清楚说明你虽然看了但是没有看好。所以这就是要具体。第二，我们一定要和孩子讨论能不能做到。我们要讲的实现是结合目标的实现，而不是追求量的实现。第三，要和现实相关。我们的目标和目标之间，我们的计划甲和计划乙之间要构成某种联系。你比如说读书和旅行能不能联系起来。有的人玩就玩了，看就看了。我们能不能把玩的计划和学的计划有机地结合起来。一般来说能够有机地结合起来的计划是最有效的计划，他会发现原来这个事情的结果是可以用来帮助我改变那个事情。人要能够产生这样感受和经验，那么就是你成功的重要基础。所以我们计划的相关性非常重要。第四，时间限制，一定要讨论好每个计划和步骤在实现过程当中它的时间限制，没有时间限制的计划是没有意义的，当然还有执行力，执行力的竞争也是非常重要，执行力的竞争包含了目标、能力、品质、管理，这里面我重点要讲的是管理。

高中阶段学生们学习最重要的竞争，管理方面的竞争就是你能不能学会管理时间，你能不能学会管理情绪，这是非常重要的。 可以这么说，一个孩子在高中阶段，某门功课学得不好，其实未必有那么重要。 但是如果高中阶段没有养成时间管理和情绪管理的话，会使你终生受到影响和损失的。 这一点非常非常重要。

有没有发现我们很多学霸，我说这个话题非常沉重，但是我必须在这里讲。 我们在上海乃至全国发生的学生自杀事件，你们有没有研究过一个比例，多少是牛娃身上发生的，相比较而言被大家称为所谓学渣的人往往不太可能。 原因在哪里？原因在于他的情绪是饱受摧残和打击之后已经坚强无比，无所谓了，哀莫大于心死。 但是牛娃恰恰是心理极其脆弱和敏感的。 一个年级 400 个孩子，一个孩子从 350 名掉到 400 名他没有感觉。 一个牛娃从第一名掉到了第二名天都要塌了，原因在于他没有能够很好地合理地管理自己的情绪，他纵容了自己的沮丧情绪无限地放大。 最后，他就走上了不归之路。

我在这儿讲一个案例，这个学校一个宿舍里面其他同学都考上了清华大学，有一个同学考上了北京大学心理系，结果这个孩子选择了不归之路。 你们大家可以理解吗？ 北大多少人梦寐以求，想也不敢想的地方，他考上了觉得是自己人生最大的失败，原因在哪里？ 所有悲剧都是比出来的。 不是说我们不要比，但是你老跟别人比，你不是两面神，你是单面神，永远只看优秀者的时候，你的比永远只是失败者。 你如果现在是亿元富翁，你会觉得自己很富吗？ 不会的，因为千万富翁不会在你眼里，你总是盯着十亿富翁、百亿富翁、千亿富翁，你会觉得我最穷了，我只有一个亿。你比方讲在这些人的眼里没有千万富翁，更何况我们这些人的存在，我们这些人是不存在的是空气。所以他永远处于焦虑和沮丧当中，就是这个道理。

除了执行力之外还有一个是我们要有反思能力，培养孩子的反思能力就是评估与改变的能力，对自己要有一个准确的评价，不要自我感觉一直良好。我一直很好了，也不要自我感觉永远不好，别人家的孩子总是好的。家长总是说你看看人家，但是你的人家永远不固定。你考文化时说隔壁老王家孩子成绩多好，到了考体育时说隔壁老李家孩子多好。你总不能让你的孩子超越你所有认识的孩子，但是家长就是这个心态，这方面要超过这个最优秀的人，那个方面要超越那个最优秀的人。评价非常重要，正确评价自己，关键的问题我们要做的是什么？在评价基础上促成转变。我们不是去打击他，而是要想办法让他发生切实的转变，这一点非常重要。他转变了没有，转变了就意味着进步，这一点我想大家都是能够理解和接受的。反思的能力，这种转变或者这种评估不是家长来做出，而是我们促进孩子自己来评价，自己去转变。这是我们家长自己需要做的事情。

我们回过来讲，高考改革之后，我们竞争就是这几个方面，如果我们一个孩子能够有明确的目标，能够对自己有正确的认识，能够按照计划实施，并且有很强的执行力和反思力的话，这个孩子的结果一定是好的。

我们如果发现孩子成绩不好，我们需要思考这个孩子在这几个方面哪个方面欠缺，这比你急急忙忙帮他找家教意义大得多。因为你帮他找家教的时候你的假设是什么？你假设是他知识学得不扎实，知识学得不扎实或者知识没有学好背后原因是什么？当我们没有想好就盲目给他找家教的时候，他的根本问题没有得到解决，就是说你开的“药方”并没有治他的病，那么这个病就没有被治好，那些“药”有时候没起作用或起到了副作用。比如说他的情绪管理没有解决，你还是不断地让他学，他会产生什么样的心理状态？他会厌恶，这种厌恶状态会直接影响他对这门学科的学习，再好的老师也不行，甚至可能越好的老师给他产生的厌恶感越强，原因在哪里？越来越达不到。

我刚才讲过一个很重要的心理状态就是习得无助，其实他没有那么差，但是因为这个老师太优秀了，我发现和他的距离太远了，最后的结果是我很差，我真的很差，我差到不行了。他连原来对自己那点自信都不存在。我们很多家长盲目性往往直接导致了孩子学习的无效性。

家庭教育的变革

我们回到我们最重要的话题，就是今天要讲的家庭教育的变革上面，我们实际上还是要从三个方面来看待这件事。第一，谈谈家庭教育的现状。第二，我们应该有的正确的家庭教育的态度。第三，给家长的建议。

第一，我们家庭教育的现状，我概括成三类主义。第一类叫自然主义，这是我们很多白领尤其是有海归背景的白领常常愿意倡导的，就是说他们会强调卢梭的观点，孩子要让他自然生长，不要管他，他都会长好的。这种心态出现在爸爸身上的比例远高于妈妈，但是我告诉大家卢梭这个观点对不对？卢梭的观点对也是有前提的，这个前提是卢梭生活的时代宗教是非常重要的，宗教的规范和规约是孩子成长的基础，这个基础上卢梭强调的是自然生长。

现在中国有宗教的规约吗？我们没有宗教的规约，我们对行为习惯、心理习惯、伦理价值都没有一个社会性的约束。在这样的情况下，让他自然生长实际上就是放纵不管。放纵不管在家庭教育当中就是你没有教育，没有教育不会产生你期望的价值，他不会变好的。

为什么？因为蓬生麻中，不扶自直。白沙在涅，与之俱黑。我们的生活环境没有那么好，我们缺少社会教育，在中国的教育当中合理的教育应该由三部分构成，家庭教育、社会教育、学校教育。但是你有没有发现，不管好不好学校和家庭都在教育，但是社会给予我们更多是反面的东西。很多人讲不是老人变坏了，而是坏人变老了。我们这代人经历了“文化大革命”，“文化大革命”是一个所有公序良俗毁坏的时代，有时候我们心理是不太健康的。

第二类叫专制主义，孩子所有的行为、举动、兴趣、爱好都是在家长强有力干预之下，他没有自我，没有个性，他可以很优秀，优秀到实在不知道他有什么特点。另外一个大多数在专制主义家庭教育环境中成长出来的孩子都有极强逆反心理和叛逆心理，有人说他总是在叛逆期，叛逆期是存在的，但是我们不要助长这种叛逆。有的时候我们用我们的专制助长了这种叛逆，他把事情走向了另外一端。学什么，怎么学，都是要规定的。

日本有一个节目就是让孩子跑到楼顶上大声地喊出心中的想法，日本的小孩喊的东西很好玩，一个孩子在楼顶上大声喊，因为他很喜欢那个女生，这个女生换座位了，原来离他只有 3.5 米，现在离他有 5.5 米。我们的孩子跑到屋顶上喊的是我再也不要吃苹果和牛奶了，这是一个高中生。你去看这个节目，我觉得很感慨。

你有没有发现一个高中生喊出来的内容是不是让我们很可笑？原因在哪里？因为爸爸妈妈规定了他一天每天吃多少苹果喝多少牛奶，这都要管，这就是我们的现状。一个孩子在顶上喊，一个妈妈在下面忍不住教育他，本来喊就是让他释放自我，结果最后那个孩子就坐在了屋顶上开始哭。我们的爸爸妈妈都很强势，孩子在你们强势之下没有自我。其实他对于自己的认知非常重要，如果我们不多了解他对于自我的认知，实际上就是阻碍了他的健康成长。他必须要有一个过程去了解自己，我要什么？我应该做什么，他必须要自己想。有的时候我们常常是帮他想，而且帮他安排好。

运气好和运气不好是不一样的，有的家长运气很好，孩子很听话，你帮我怎么安排我就怎么做。于是我们就觉得心里很踏实，我运气很好，我们孩子样样听话。也有你怎么安排他就是不听，然后觉得我运气很不好。这样的情况下面，你有没有发现不管运气好还是不好，这个孩子对于自己理解和认识都是欠缺的，成长期他需要的就是一个断奶的过程，但是你牢牢地把他攥在手里不让他断奶。为什么我们高中生显得那么幼稚？写个议论文也写不来，分析道理也分不清楚？因为他根本没有独立意志。

第三种叫“综合”主义，“综合”主义是什么样？就是生活上的自然主义和学业上的专制主义，你读书就读书别的事情随便你我都不管，只要读书好别的事情我都可以不管。不管现在别的什么事情，我孩子学习好，成绩好我就不管了，每次到学校开家长会问问我孩子第几名？孩子今年还是第一名？好了再见，老师我跟你没有什么好沟通的。因为我的任务完成了，我的教育目标实现了，于是就结束了，孩子你要什么就是什么，你要干什么就干什么。如果孩子在小时候要什么就给什么，这是家庭教育当中最大的错误。他的任性，不负责任，有时候往往和我们过于有求必应，因为你们觉得这个不是主要的问题，不就是三五块钱买个玩具，现在我们穷得就剩钱了，买这个还有什么关系？错了。你有没有发现长此以往孩子觉得我的要求都是必须满足的，我就是要这样，而且他也知道只要我坚持，你们对我是没有办法的。这就是“综合”主义产生的恶果。

我不知道我讲的这三种是不是能够涵盖了我们的家庭教育的大概情况，总体上来说就是焦虑，我们的家长们都很焦虑。为什么会焦虑？ 其实我们都不会反思我们的家庭教育有什么错，而是社会环境很不好，其实有两个问题造成我们的焦虑。

第一个问题我们被激起的欲望，很多人都有在国外旅行或者生活的经历，你会发现是不是在上海现在看哪都是乡下。 原来上海人最大的特点是看中国其他地方都是农村，所有的人都是乡村来的。 现在你有没有发现已经到了什么地步？ 全世界各国都是乡下。 这个时候我们恰恰要回过头来反思，我们的生活有没有问题，我们的社会发展到今天是不是合理？ 简朴、平静的生活对于上海人来说其实已经很难了。 极大的富裕激发的是极大的欲望，这是我们面临最大的问题。

我问小朋友，你长大了想做什么？ 中国小朋友小的时候长大了都是想做老板、警察，反正是管人的，我在日本印象最深的是一个孩子告诉我说我要做一个木匠。 为什么要做木匠？ 他的答案是我的爷爷曾经是我们那条街上最好的木匠，我爸爸不好，跑到东京做职员了。 于是我们街上缺了一个最好的木匠，我就要做最好的木匠。

那么我们应该有的正确态度是怎样的？ 我提了三个方面，第一我们的家庭教育的目标指向，我想是三句话。 第一句话健康，你有没有发现什么时候家长才会要意识到健康最重要？ 人都是这样，唯有失去了才知道珍惜。 一个孩子生病了，精神、心理上出现问题了，然后哭着说哎呀我现在才意识到健康比什么都重要，是这样吧？ 我残忍地问一句话，你早干嘛去了？我第一个要提出的就是身心健康，我们一定要保持他身心健康，哪怕他学业不成，但是他一定要身心健康。 这是我们做父母最基本的责任，我们家庭教育第一个环节就是健康，离开了这些其他一切都是空谈。

第二个是独立，一定要让孩子经过我们的家庭教育能够独立地应对困难，独立地发展自我，独立地适应环境。 这是非常重要的，也是我们的职责所在。 你有没有发现我们很多年轻的爸爸妈妈，有问题时第一个说妈妈我该怎么办？ 不像一个成年人应该做的事情。 我一直觉得一个人到了二三十岁以后应该为这个家庭、社会承担责任，但是我们很多年轻的爸爸妈妈自己都还没有精神断奶，再加上现在生个孩子像弄个玩具出来一样。 谁来养？ 爸爸妈妈的爸爸妈妈再来养。 你们看过一个视频吗？ 小鹰到了一定的时候，老鹰会把小鹰在悬崖当中扔出去，小鹰在天空中翻滚翻滚几次就会飞了。 很多鸟类培养自己小鸟的时候，就是有意识让它能够独立觅食。 有时候我们是不是忽略了这一点？

第三个是社会化，要我们的家庭和我们的社会、学校共同承担起让孩子能够在社会上成为一个好人，成为一个有修养，能够对社会产生正能量的人，这个功能社会起不了，那么我们要来起。 你有没有发现现在“90 后”、“00 后”有一个很好的地方，就是他们不跟老年人计较。 比如说老年人要小孩让座，小孩立马起来说你坐，小孩不跟老年人理论说这个位置是我先坐下来，我有坐下来的权利为什么要让你。

还有公平的原则不抢、不争，这都是“90后”、“00后”好的品质。前提是因为物质的丰富无所谓，你看很多中学也是这样，丢了上千块钱的手表有人来认领吗？没有，丢了就丢了吧。我的失物招领的箱子，里面是世界手表大全，各种智能手表、名品手表，丢在那里没有人管。为什么？物质极大的丰富，家长的态度也是丢了就丢了，明天给你买一个。物质极大丰富以后你有没有发现他的公平性和谦和的态度培养起来了。只有这一点远远不够，我们社会化的过程当中就是让孩子适应社会、引导社会、改变社会，这是我们讲的目标。

我在有一次论坛上面讲到了，实际上我们和孩子之间的关系是彼此塑造的关系，你以为你就不要进步了吗？你就不要成长了吗？错，其实我们在教育和引导孩子过程当中，我们自身也在成长。这就是学习共同体，家长在培养孩子过程当中不是单向的付出，而是共同进步。

那么在对待学业问题上，实际上我讲了两个词，一个叫尊重，一个叫引导。尊重什么？尊重差异性。卓越不只有一种表现形式，人都是有个性的差异，你不能指望每个人在学业上面都能够表现出共同的特点。你们有没有发现，现在你们回过来讲的时候都是站着说话不腰疼。现在很多人当中也是事业的成功者，请问你当年语文学得好吗？你当年数学学得好吗？你当年物理学得好吗？现在你成功了，会说我小时候学习多好，你看你？ 你讲这个话你心里亏不亏？ 都是有差异的，你有没有发现因为这些差异，在社会上差异化的发展和成长，于是你就在你的行业里面取得了你应有的成绩。 如果世界上的人都一样，其实很可怕，那就是机器人的世界。 人的魅力就在于差异化，你把这种差异化发挥到极致，那么这个世界就会丰富多彩。 成功就在于有效地利用差异化，所以要尊重差异。

第二要引导。 引导在哪里？ 不是引导学业而是引导他面对学习困难的时候心态和方法，这是最重要的。 因为学问你就放弃吧，尤其是高中的家长你们就放弃吧。 现在越学越难了，因为这个大家都知道，竞争造成现在这样，这种残酷的竞争就是你学 1，我就学 1.5，你学 1.5，我就学 2。 我接下来想讲的是给家长的几点建议：第一，你怎样，孩子就怎样。 我在法国卢浮宫的时候，扯着嗓子尖叫的孩子一定是中国的孩子，公共场合尖叫的一定是中国的孩子，原因在哪里？ 就是我们不管他。我们会发现美国的家长也不管孩子，你看看他们一到餐厅里面孩子就像小狗一样在外面乱爬，你看他不是也不管。 我们也不管，那让他喊吧。 某天出现了这样尴尬的局面，在卢浮宫买品部底下一层里面。 小孩就尖叫，家长意识到了公共场合尖叫是不好的，家长就教育他，怎么教育？ 家长用更加尖利和歇斯底里的口气教育孩子，你知道这里是哪里吗？ 这里是公共场合，你怎么可以尖叫？ 你给我闭嘴。 我后来跟陪同我的老师讲，这个事情很简单，这个妈妈平时就这么对这个孩子，当这个孩子诉求不能得到满足的时候，他就用这样的态度来宣泄。 很简单。

我们要反省我们自己，我们要求孩子做一些事情的时候，我们自己在做什么？ 你需要孩子们更加刻苦和努力的时候在做什么？ 这个家庭里面孩子和家长之间是相互的，所以我们讲你怎样孩子就怎样。

我写了一篇文章就讲这件事，在美国我一个同事女儿的小孩，很小在地上不肯睡觉，他的爸爸是美国人。 他爸爸坐在地上和一个 2 岁都不到，话也听不懂的小孩讲道理。 娓娓道来，睡觉对于一个儿童来说有什么意义和价值。 我们都会觉得很蠢，孩子听不懂，你“啪”一个耳光说睡觉去，或者说宝宝来睡觉我给你吃糖，事实上，这两种都是错误的。 第一种粗暴的我们就不说了。 第二种错误在哪里你知道吗？ 你用激发他其他的欲望完成这一件事，这种教育是错误的。

举一个例子，我培养青年教师的时候经常举这个例子，青年教师跟孩子们讲，今天老师要上公开课，你们要好好配合，你们配合好，老师请你们吃酸奶。 孩子们一听好啊，拼命地表演，拼命地举手，积极地配合，老师一高兴上完课就给孩子们吃酸奶。 第二次又要来了，老师说我们今天又要开公开课，学生会说老师这次酸奶搞不定了。 这也是一种很正常的心理。

我跟很多人讲了上面这个故事之后，他们会觉得这个爸爸太傻了。 这个孩子虽然不知道你在讲什么，但是你一直用这个态度对待他的话，孩子知道一个概念，当我们产生分歧的时候正确的态度应该是怎样的。 这是非常重要的。 其实你有没有发现，家长在教育孩子过程当中，其实最大的敌人不是孩子，而是你内心的不耐烦。烦死了，赶快把你弄到床上睡觉我就太平了。这种不耐烦以后，你所采取一系列对策都是错的。因为你那个时候只追求结果正义，教育恰恰不是结果正义，而是过程正义。从这个意义上来讲，你怎样孩子就怎样，这是我给大家一个非常重要的建议。从此以后我希望我们的家长们都能够是洁身自好，有着高尚的情趣，有着生活的规律，爱读书、爱思考、举止文雅，遇到困难以后能够沉着冷静应对。你会发现教育孩子的过程其实是我们自己成长的过程，我们要克服自己身上的弱点才能够成就孩子。

第二，生活习惯的培养最重要。我自己也要检讨，我现在讲的很多话有很多是学术上的结论，也有很多是我的教训。很多时候会觉得一个孩子叠不叠被子是不是不重要？孩子你赶快上学，后面的事情由妈妈一手包办。事实上你影响他的不是学习而是生活，生活习惯决定了他的生活态度。不要忽视生活中的种种细节，不要忽视礼仪，这些问题都不能忽视。现在我们很多时候会很开放，像美国一样的，爸爸妈妈叫不叫无所谓，直呼其名有什么关系？叠不叠被子有什么关系，吃完饭筷子一扔有什么关系，孩子学习去了，开心还来不及，洗碗我们自己就可以。事实上不是如此，人什么时候才能计划谋划自己？事情多的时候。你知道现在孩子的问题在哪里？现在孩子的问题是他的事太少了，他只做一件事就是读书，所以他读不好。事实上你就错过了让他打理自己的生活，有条有理地处理纷纭复杂的事情的机会。生活习惯的培养对于我们家长来说比学业更重要。

第三，智慧地陪伴。现在也有很多家长并不是放任自流，他什么都会陪在旁边。我们现在的家长很可怜的，没有自我的。我们去旅游吧，我要带娃，我们去听报告吧，我要带娃，我们看电影吧，我要带娃，反正他只有一个目标就是带娃。有一种陪伴我们讲叫智慧的陪伴，你想想你和孩子之间差的是什么？你未必比孩子聪明，你学的知识未必比孩子多。现在有一个段子讲过的，高考之前怎样，高考之后怎样，高考之前上知天文下知地理，什么都懂，你有的是成年人的阅历、智慧，这是他所没有的，他会走极端，他会情绪失控，他会胡乱地安排自己的时间。而你是个成年人，你有太多这方面的教训、经验和智慧可以分享给他。帮助孩子做好时间管理和情绪管理。什么时候孩子最需要你？恐惧、饥饿，往往这样的情况下最需要你。我们长大了都是这样的，我的妈呀，都是很倒霉的时候。我还要再讲一个道理，佛教也讲过这个道理，什么时候会产生恐惧？叫做无名的状态，你不清楚会发生什么，最后会有什么结果的状态是最害怕的。

你看我们江南人最典型的就是两只船要撞了，他怎么喊的？撞之前“不好啦，不好啦，船要撞了”。船撞在一起了喊什么？“好了”。他说好了，为什么这个时候好了？因为这个结果已然有了，当这个结果有了的时候他不害怕，什么时候最害怕？不知道会出现什么结果的时候最害怕。我们什么时候介入最重要？ 是在他不知道会发生什么的时候介入最重要，那么你凭什么介入？ 因为你知道会发生什么。 这就是你的人生阅历在起作用。 我们要帮助他调试自己的情绪，我们要帮助他一起共渡情绪上的难关。

这个过程当中不是暂时地解决他今天的问题，而是要通过解决今天情绪上的问题，让他一辈子都学会用这种方式解决问题，这才是教育的真谛和本质。 教育的目的从来不在当下，不在此刻而是在未来。 这是我们对于教育应该持有的态度，你都是在为他走向社会，独立成人做准备的，而不是为了危机攻关，解决眼前的问题。 其实眼前的问题已然发生了，但是将来他会遇到更多类似的问题，他能不能在面对未来类似问题的时候，很踏实地告诉自己，没有关系，我还小的时候就在爸爸妈妈陪伴下，用这样的方式解决过这个问题，所以我就不怕了。你要的实际上就是孩子在遇到问题以后的那种不怕的心态。

另外一个就是时间管理。 时间管理的前提我刚才跟大家说过，他太空了不需要时间管理，只有他做很多事情的时候才会想到管理时间。 这个道理孔夫子讲过，叫做不愤不启，不悱不发，愤就是急得抓耳挠腮的状态。 启发教育的前提是一定让他处于情境当中，你没有情境他是不会有动力，没有动力就不能解决问题。 时间管理的前提是要让我们孩子的生活更加充实，这种充实不是你强加给他的，而是让他感受到生活当中是必需的。

现在我们所有的时间都是父母在安排，他就像被你牵着的一个人工智能机器人，几点到几点到这儿进去吧然后自己在车里看手机。下来了又把他开到另外一个点，开车的途中已经为他准备好了赛百味，抓紧吃开始下节课。那么他怎么反思自己？怎么安排自己的时间？我对于我们学校，每一个自己坐地铁跑到高考考场的孩子都给予热烈的拥抱。

为什么？因为这些孩子才是值得我们鼓励和肯定的，我们很多家长送考的时候特别焦虑，紧张得不行，各种危险、各种风险都想好了，甚至在考场旁边租一个房子。孩子所有遇到的困难，这才是他人生当中最宝贵的财富，但是我们把他遇到困难的机会全部剥夺掉，说你要长大，你要成熟，你要成功，他根本没有经验他怎么成功？时间管理、情绪管理当然是个技术，我们在这么短的时间内不能谈这个技术，但是我们要在我们家庭教育当中帮助孩子进行这方面的教育，让他们有这方面的经验。

最后，我要讲的是独立性的培养。这个其实我已经讲清楚了，前面我反复强调了我们家庭教育最终目标是什么，我们家庭教育最终目标就是让他能够独立，能够成人，很多时候我们会迷失在过程里面，我们走得太远忘了为什么而出发。讲的专业一点叫做第一性原则，很多事情当我们已经走到穷途末路的时候，有时候恰恰需要停下来想一想我们为什么要做这件事。我们为什么要进行家庭教育？其实我们家庭教育的目的就是让他能够独立地面对这个社会，并且能够在清晰地、理性地认识这个社会的过程当中成就自己，这就是家庭教育的全部目的所在，为了这样的目的我们要作出我们自身的努力。

那么，我们讲的这几点建议和我们新的高考招生制度改革有没有关系？我想大家可以想明白，因为高考招生的改革主题词就是一个“增强自主性”，如果我们家庭教育不能在自主性这个问题有所贡献的话，那么我们就没有实现高考招生制度变革背景下的家庭教育的转型。

我做一个简单的总结，有几条非常重要的内容或许是今天这个报告的一个结论。第一个结论是我们要回到事情的本原思考这件事本身。家庭教育的本质是什么？是让孩子独立成人。第二，我们想强调的另外一个教育经验是什么？是过程的意义大于结果。第三，我们想得出的另外一个更重要的结论是环境对于一个人的成长意义巨大。第四，我们想得出的结论也是海尔集团在管理过程当中的一个问题，细节决定成败，我们这里讲习惯决定成败。

培养健康幸福的孩子

殷　飞

专家介绍：殷飞，南京市家庭教育研究会副会长，南京亲范学堂家庭教育指导中心主任，南京师范大学儿童发展与家庭教育研究中心副主任，江苏省心理学会家庭教育心理专业委员会秘书长。

今天这个话题，乍看海报标题，估计感兴趣的人不会特别多。但如果这个话题改成“如何让孩子更听话”“如何跟孩子沟通”“如何提升孩子的学习效率”“如何让孩子做作业更快”等，估计这里会爆满。

幸福、健康。这样的话题在我们很多家长心目中可能不值得花专门的时间来学习，现在谁家的孩子会不幸福?！可是，我们又常听到孩子抱怨自己不开心、不幸福，这让吃过苦的长辈感到奇怪，有的吃，有的穿，有的玩，怎么就不幸福了?!接下来我们简单分析一下，孩子们是怎么不幸福的。

如果调查家长：孩子“成人”和“成才”哪个更重要？估计99%的父母会选择“成人”更重要。但是，考察家长育儿的实际行为后，我们会发现，父母几乎不在孩子“成人”方面花费精力，甚至在“成人”和“成才”的问题上发生冲突时，会不自觉地选择促进孩子“成才”的做法，“成人”的日子长着呢，少一次多一次无所谓，长大就好了。

如当睡眠和做作业发生冲突时，大部分家长除了焦虑，第一反应就是“把作业先做完”。分享一位老师反馈的案例：有一次班上的孩子生病不舒服，喊爸爸把孩子接回家，叮嘱爸爸，让孩子休息一下。爸爸在接孩子时一脸愁容地追问“书包呢？下个星期就要竞赛了，这个时候还生病，怎么办？还是把书包背着吧。”老师是流着眼泪返回教室把孩子的书包背出交给这位爸爸的，孩子弯着腰按着肚子上车跟爸爸走了。

我们的家长到底怎么了?

我们可能有一千条、一万条理由说现在竞争很激烈，孩子不努力不行，这是不争的事实，未来的竞争力需要从小培养，夯实基础，但是是不是现在就需要把孩子置于竞争的地位，竞争力是不是通过竞争培养的？从小这样的白热化的竞争会不会导致孩子未来畏惧竞争，或者回避竞争?

我做家庭教育指导20多年了，我最初辅导的是老三届的那批家长，他们应该是这几代人中最受磨难的一代，成长的时候遇到自然灾害；长大的过程中上山下乡，没有受到系统的教育；工作时，经济转型他们又遭遇下岗；养老了，又碰到了独生子女的尴尬……但我发现，他们也是最厉害的一代人，有着强大的生命力，不论做什么，哪怕遇到下岗和各种人生挑战，他们都努力幸福地生活着。

我们知道，上海的家长比较辛苦，一线城市竞争激烈，孩子压力比较大，我今天的讲座希望能给家长带来一点启发。人生的选择有很多，经常有人说孩子不要输在起跑线上，其实孩子的一生随时可以起跑。肯德基老爷爷从66岁才开始创业，直到88岁才一举成功，其间他经历了1 009次失败。我们很多人自己才40多岁就跟十几岁的孩子讲“我这一辈子算差不多了，就靠你了”。你才40多岁，怎么能将人生接力棒交给孩子呢？现在四五十岁还算是中青年，目前国人的平均寿命70多岁，四五十岁创业有什么不可以？把生命的价值提前掩盖、隐藏了，这样的人生是令人遗憾的，当然也是可悲的。

一、健康孩子的培养

回到今天的正题中来，作为家长，我们问问自己，真的把孩子的健康当回事了吗？很多家长可能会说“当然很重视，那是最重要的！”请问，影响一个人的身体健康涉及哪些方面的内容？我觉得首先是睡眠，如果不好好睡觉，细胞就得不到修复，长此以往就不可能拥有健康。试想一下，如果昨天晚上只睡四个小时，现在坐在这里听课，估计脑袋肯定是蒙的，思维是不清晰的。另外，饮食、运动和睡眠这三条构建了我们健康的基础。那么，在座的各位，你家的孩子在吃饭、睡眠和运动上每天花了多少时间？

重视不是在口头上，而是在现实生活中的真正落实，我们要反思为此付出了多少时间。

孩子3岁以前，我们最关注的是他能不能吃好、能不能睡好、有没有适当的户外活动等。后来孩子长大了，这些好像不重要了，如孩子少睡一点，第二天照样活蹦乱跳。因为没有可见的伤害，家长开始忽略孩子的基本健康问题。如果我说吃不好会影响学习，睡不好会影响学习，运动不好会影响学习，估计很多父母会紧张地重视起来，如果我只是说健康的重要性，估计大家听完今天的课回到家，看到孩子伏案作业，至于孩子有没有运动，可能不会太重视。

首先，吃饭是怎么影响学习的。这里的影响，不是指孩子饿了还是饱了，对孩子的影响，而是吃饭从小到大的习惯会影响孩子的专注力与自控力。因为，吃饭是人生第一件无聊的“任务”，很多孩子吃饭的时候会为这个无聊加“佐料”，如看电视，玩IPAD或手机，这会让吃饭变得更有趣。

幼儿阶段，老人或者保姆带孩子，常常拿着IPAD或手机放在孩子面前，小孩眼睛盯着IPAD或者手机的屏幕，这样老人家喂起饭来就方便多了，先用勺子敲敲嘴，以示意孩子们张嘴，然后舀一勺饭塞到孩子嘴里，小孩下意识嚼两下就不动了，然后眼睛直勾勾地看着屏幕；急躁的老人家就会用勺子再敲敲嘴，提醒孩子，咬啊、咽啊！ 很多孩子从小吃饭就是这样的过程，而这普通的吃饭过程，其实不知不觉影响到学习质量最重要的注意力品质。

因为学习不仅凭的是兴趣，更多时候是和吃饭一样的任务，是让人觉得有压力的事情。 形成习惯的孩子不能静下心来完成这样的任务，如果一定要他能专心地做一些自认为无聊的事，他一定要和吃饭一样加进一些“佐料”。 实在没有东西加，手边的橡皮也是好的佐料，就这样孩子专心完成任务的专注力就被破坏了。

我们家孩子 1—2 岁开始学吃饭，我要求他规规矩矩坐在那里别乱跑，自己拿着勺子玩着吃着，一口一口的饭从舀起来到咀嚼，再到吞咽，把这个“无聊”的事情做到十几、二十分钟，孩子的专注力品质会在幼儿阶段慢慢得到提升。

儿保医生会从儿童健康的角度告诉我们，吃饭看电视有多么不健康，我这里要从教育的角度和孩子成长的角度告诉大家，不专心吃饭是怎么破坏孩子有意注意的专注力的。

因此，“吃饭”如果从结果看，似乎只要能够吃下去就行，这是很多家长的认识。 我这里要从孩子成长的角度分析，虽然孩子都将饭吃下去，但是吃下去不一定有营养，吃下去不一定可以帮助孩子提升内在的专注品质。

我常和小学和一年级的新生家长交流，会开玩笑对那些到了小学阶段还没能完成基本的生活自理的孩子家长说，“你的孩子上了假幼儿园”。我这里说的假，指的是在幼儿园阶段没有完成应有的任务，也就是没有通过日常生活中的吃、喝、拉、撒、睡培养起孩子健康的生活习惯与良好的心理品质。

其次，说说睡觉对孩子学习的影响。很多家长很重视睡觉，但是重视的是睡觉的总时间，但是却忽视了睡觉的过程对孩子能力发展的意义。我认为，睡觉对孩子而言除了是基本的生理需要，从发展的角度看，还培养了孩子们的神经调节能力。

睡觉是人们的神经从兴奋到抑制的过程。起床呢？正好相反，是神经从抑制到兴奋的过程，整个过程起调节作用的是神经。现在有很多人会失眠，失眠就是神经一直保持紧张、兴奋的状态，不能做到灵活地兴奋和抑制。

孩子小时候我们常用拍的方式哄孩子睡觉，这是通过稳定的节奏让孩子的神经慢慢地安定下来，很多老人经常会抱怨：“我都累得睡着了，他还没睡。只要拍的手一停，他就会醒过来”。这就是完全受外界调节的孩子，自我调节能力会比较弱。

小学的生活，总体的节奏是上课 40 分钟、休息 10 分钟，很多父母奇怪为什么老师不让孩子下课跑，究其原因，一是安全问题，目前的法律还不健全，小孩下课撞到了，很多家长会找老师讨要说法，即使老师没有责任，也想着各种方法“维权”，这让老师和学校感到头疼，所以大部分学校就采取不让小孩跑的简单做法；二是下课10分钟如果疯跑，上课就不容易定心来。上课的调节能力也是从兴奋到安静的能力，就如同睡眠的调节能力一样，是从兴奋到抑制的调节过程。

我在孩子上幼儿园时，就在孩子的床铺上贴了一个“睡”字。“睡”这个字是由目、垂组成的。所以，睡觉很简单，就把眼皮垂下来，什么废话都别说，就这样闭眼、闭嘴，让心神安静下来。

但是，有很多家长却不太会带孩子睡觉，孩子睡觉的时候会在旁唠叨：“快睡觉！我待会儿过来看你有没有睡着。”然后去挂衣服、打扫卫生等。5分钟、10分钟之后孩子通过自己的调节已经开始慢慢进入安静的状态，这时很多父母会来到孩子身边突然来一句话“还不睡啊！明天不想起床了！？”就这样，孩子的神经自我调节的机会就被搞坏了。

这就是家庭教育，是所有的家人都可以做到的。家庭教育不需要伟大的理论，只需要把日子过好就是。什么是家庭教育？和学校的教育不同，学校有稳定的课程，有专业的老师，有稳定的教学计划。家庭教育则不是，家庭教育就是在普通生活中，在吃喝拉撒中，日复一日地进行的。

健康永远是人之为人的基础，给孩子一生幸福奠基的大礼包。

第一，饮食。怎么均衡营养？中国家庭正在建设小康社会，上海好一些，但是心态都差不多。观察一下家庭的餐桌就可以发现，我们的家长常常会不自觉地给孩子添饭夹菜。我有学生到国际学校做家教，美国人、日本人、韩国人，发现他们的孩子从小开始就定量饮食，比方说主食两个寿司或者两个饭团，营养均衡就可以了，否则，大脑神经会把我们带偏。

我计划写一本书，专门写我们这一生是怎么跟大脑神经对话的。吃饱饭了喊口号我要减肥，这跟谁对话？这是跟味觉神经对话。对话成功，这顿饭就少吃一点。我们都有体验，吃饱饭了会犯困，那根本不是要睡觉，而是大脑神经供氧量不足的原因，所以吃饱了要和神经对话，别让自己坐着或者睡觉，这样对健康不利。贾宝玉爱林黛玉，有个细节值得一说，吃饱饭宝玉为了不让黛玉睡觉，就陪着她说话，让她消消食，让神经缓过来，这就是宝玉对黛玉的爱。

第二，睡眠。睡眠有多重要？一天 24 小时，睡眠和孩子生活、学习、起床等这一天的所有事情都有联系。例如，很多孩子在学校上课注意力不集中，这通常是睡眠不够导致的。因为晚上睡眠不足，孩子起床昏昏沉沉，上课也是浑浑噩噩，没有得到充分休息的神经开始倦怠，甚至在强迫专注的教室内感到烦躁，影响了注意力，影响了学习效率。很多孩子在学校有丰富的环境刺激着，放学回到家马上就犯困，不仅家庭作业效率低下，也很容易烦躁，与父母发生冲突。

睡眠是一切活动的基础。我们给幼小衔接班家长讲家庭系统解决方案课程，通过在线直播孩子在观察室的状况，发现只要有孩子出现不耐烦，专注力不足的现象，老师一讲课他就会浑身难受，老师说王某某你怎么了？他立刻会坐好，但是不会超过 5 分钟又恢复原样。 不是孩子不想听课，而是他昨晚没有睡好，没睡好就不能安定下来，就显得特别烦躁，他身体的空间感和神经的状态就开始混乱，就会自然地注意力涣散。 老百姓有一句话：孩子不生假病。 我要说的是孩子也不会假困，只有真的困得不行了，才会走神或者打盹。

有一位奶奶跟我说：我们家孩子每天早上不发脾气，不哭一阵就起不来，他说只要一哭，孩子就神清气爽。 这是什么原因？ 我认为，是没有休息好的孩子通过哭来刺激自己的神经，从而能从抑制到兴奋。

第三，运动。 我们目前中小学生体质状况数据不容乐观，孩子的体质是每况愈下。 曾看到一个报道，俄罗斯学校带着足球队到北京一个足球特色学校交流，我们的孩子被人家打了一个 12∶1。 在感慨之余，我看配发的图片，两个国家的小孩，往那里一站，比较一下不难发现，中国的孩子都是白白胖胖的，俄罗斯小孩都是标准的野孩子，脸上黑黑的，肉紧紧的，从照片都可以看出来差异。

我们现在的孩子没有野的时候，没有疯的机会，为了安全，为了升学，我们的孩子都被“圈养”了。 学校一天一节体育课基本是可以保证的，但是这远远不够。 为了弥补孩子运动的不足，我们家安排了孩子每天回来必做的一件事，400—600 个跳绳先跳完。 上学期，孩子的跳绳从不及格到全校第一，体育老师还问：真的是你跳的吗？

我的家面积不大，但是运动器材很多，拳击袋、单杠、划船器、跑步器、健腹轮，通通都有。作为父母，我给不了孩子太多，但我可以给他一个健康的体魄。国家可以五年一个计划搞建设，但是快速变化的社会，谁能告诉我中国五年后会是什么样？估计谁都把不准，所以我们要给孩子永恒不变的素养，这是父母给孩子的大爱。无论将来社会怎么变，孩子如果想要幸福生活，我想最基础的应该就是健康。

当然，运动对学习也是有好处的。我曾经找到一个规律，只要考试前提前两小时在操场上慢跑两圈，考试就会神清气爽。你知道为什么吗？运动使血液循环加快，从而导致血氧高度融合，让大脑得到充分的营养。一个身体不好、运动不好的孩子，他大脑的供氧量就会不足，你指望他能怎么开阔思维？

这不是耸人听闻，我们做教育的，很少讲遗传、神经和生理基础。但是，任何一本儿童发展心理学的教材，都首先会探讨儿童的生理基础，接下来才是孩子的认知、情绪、社会能力等，因为这些都是建立在生理基础上的。

健康还和人的社会交往有关，如我的个子不高，这虽算不上健康问题，但是它也会影响我们的自我判断以及与人交往的心态。小时候跟着爷爷奶奶七大姑八大姨去“访亲”（这是一种男女双方经过媒人的撮合，双方老人组团到对方家看看，走访邻居的过程），老人家就会对对方品头论足，作为孩子的我也听到很多这样的评价，个子不高的我就会有些焦虑，担心长大后没有女生喜欢。

身体生理会影响心理，心理会影响认知，影响情绪，影响交往。我家孩子 4 岁时，从幼儿园回来对我说，爸爸，他们都说我矮，我当时心里一紧，这不是和我走上了同一条心路历程了吗？孩子遗传了我的身材，也延续着我的心理“煎熬”。我这几十年的心路历程告诉我，要和我的孩子共同面对，所以我把孩子抱在怀里，对孩子说：“虽然我们个子矮，但是我们会读书。大家都很崇拜你！”

一个孩子如果睡不好，上课被王老师、李老师点名三次：王某某你能坐好一点吗？王某某你看着我，王某某你走神了吧？这样三次这个孩子基本上再也不会发生类似情况了。老师一定不要气馁，如果老师说王某某你是瞌睡虫，这样绰号是不是出来了？我们的孩子上了学之后是在人群中长大的，我们的家庭永远发现不了事，因为我们家里永远是 1—2 个孩子，没有任何比较性。孩子为什么要上学？就是让孩子在人群中学会生存。如幼儿园里，能跑能跳的孩子王，因为健壮活泼，所以很自信，也更容易受到其他小朋友的欢迎。反之，分析校园霸凌事件可以发现，被欺负的孩子是有些特质的，如动不动就哭，跑也跑不快，跳也跳不远，这样的孩子很容成为别人欺负的对象。当然，这种现象不会受到鼓励和默许，我也不是要宣扬这样的现象，但这是一个人群中事实存在的丛林法则。所以，健康的三大问题，饮食、睡眠和运动，哪一个没有做到位，都会引起一连串的恶性循环。

二、 幸福孩子的培养

下面我们谈谈幸福问题。 我首先要说的是再成功的教育都不能保证一个人的成功，因为一个人的成功除了自己的努力还和社会环境、机遇、家庭的阶层有关系。 一个孩子的成功从教育的角度分析，肯定跟孩子的培养有关系，但是反之未必，一个孩子培养得再好也不能保证他成功，这就是所谓的牛娃，大多数出现在上学阶段，而走上社会，进入工作岗位，好多牛娃未必能继续牛下去。

我岳父岳母都是老三届。 岳父说：现在就感觉用不上劲。为什么？ 书读少了。 一个大的时代让一代人没有机会受完整的教育，那么他们的缺陷和遗憾可能是终生的。

上海的孩子、北京的孩子跟大别山深处的孩子差别大不大？ 它不是简单的教育问题，它涉及孩子们的眼界、资本等，特别复杂。 还有人说中国的教育把孩子的创造力破坏了，经常听到很多教育专家批判，我们的教育把人培养成同一个模子，没有批判性，我常反问这些专家，你是谁培养出来的？ 你的批判力哪里来的？ 你不也是那个你嘴里的糟糕的教育培养出来的吗？！ 我们哪个人批判性差了？ 哪个人没有自己的想法！？因此，很多问题没有我们想的那么简单。

我的孩子，我怎么努力都不能保证他成功，但是我可以通过我的努力确保他幸福。 如果我的孩子长大以后卖馄饨，我要教导他卖最有良心的馄饨，或者可以卖到这条街上最厉害的馄饨，或者卖成连锁馄饨。如果孩子能做到诚实守信，勇于创新，那么他将来就会服务更多人，他就有可能成为幸福的人。

所以我认为，家庭教育不能保证孩子成功，但是一定要努力保证孩子幸福。怎么确保一个孩子是幸福的？什么是幸福？在任何条件下，做任何工作，都可以从中找到自得感、价值感、成就感。

大家环顾左右，你们单位，同样的工作压力，同样的薪资待遇，不同的人状态不同。

有些人每天感到痛苦不堪，一到上班头就疼，一到放假就说："耶！终于放假了。"每次放假，最后一天就有人说假期余额不足，在网上开始发各种感慨，明天就要上班了很痛苦。这些人，所有的美好都在未来，他们渴望放假，渴望退休。殊不知，退休，假期的余额和生命的余额都不会太充裕。

同样，另一些同事每天像打了鸡血一样，从不抱怨，他们把工作，把事业当成最开心的事情，他们也累，但是乐此不疲。这两种人区别在哪里？值得我们深思。这20年来我没有放过一天假，我没有星期六、星期天，我没有寒暑假。但是我很开心、很幸福，因为我每天都做着自己喜欢的事情，做着感觉有意义的事情。

三、促进一个人幸福的心理路径

首先是安全感；其次是把握感；第三是超越自我的成就感。达到这三个基本心理状态，那么这个人不成功也是幸福的。

（一）心理安全感

心理学有一个特别著名的实验叫恒河猴实验，心理学家用铁丝编制了两个铁丝猴，一个上面覆盖的是毛茸茸的布，还有一个没有任何覆盖，但是挂着奶瓶。将一个刚出生的小猴子从母亲身边带离，发现小猴子只要饿了就爬到有奶瓶的铁丝猴上，喝完奶就爬到绒布猴子身上睡觉。心理学家如果制造一些刺耳的噪音，发现小猴子不抱着有奶瓶的铁丝猴，而是抱着有绒布的猴子。看到这个实验，我得出一个结论：有奶的不一定是娘。

我把你养大，你为什么不尊重我？很多父母会感慨。原因很简单，那就是他跟你没有感情。在成长过程中有爱的家庭才是孩子永远的情感栖息地。为了避免对孩子表达功利性的爱，我常常有意识地单纯表达对孩子的爱，如开车接送孩子等红灯的时候，我常常会回头深情地看他。孩子会问我干什么，我说不知道，就喜欢看你。这就是日常生活中，无缘由地表达爱，表达的是没有任何功利心的爱。

我曾在南京一所小学做过一次面向1—3年级家长的家庭教育讲座，我去的时候刚好期中考试结束，我希望讲完课后，能请所有的家长回家后跟孩子抱一抱，向孩子反馈，说老师认为你进步了。第二天请班主任老师挨个统计：你妈妈昨天晚上抱你了没有？有没有说你进步了？统计好将结果反馈给我，最终发现，一年级的家长92.3%都做到了，二年级的家长84%，三年级的家长62%。一个很有意思的现象是，随着孩子年级的增高，家长表达爱与拥抱的能力越来越不足。短短三年，说明家长的心已经慢慢变得僵硬了。我们要知道表达爱的僵硬对于孩子来说意味着什么？如果把父母比喻成码头，孩子是一艘希望靠岸的船，僵硬的父母让孩子这艘船在你的港口摇啊、晃啊，想往码头靠，发现不是被接纳，而是被拒绝。长此以往，当孩子长大，遇到青春期问题、交往问题、成长的问题，家就不是最温暖的港湾，而是想逃离的“冷库”。孩子也容易出现行为问题，如离家出走，容易参加团伙，沉溺游戏等，因此，家人不温暖对孩子健康成长是最危险的。

我曾在一所工读学校讲课，他们是一些被公安推荐过来的年少违法的未成年人。调查发现，50%以上的家庭都是单亲家庭，我不是歧视单亲家庭，也不是暗示单亲一定会出现孩子培养问题，这没有必然的因果关系。而是想告诉大家一个事实，我国的家庭很多年轻人不会处理婚姻问题，常常会因为自己的婚姻情感问题将孩子裹挟其中；另外也不会单亲带孩子，而容易在孩子身上埋藏仇恨。其实单亲不可怕，可怕的是不知道如何帮助孩子面对家庭结构的改变，不知道如何面对无法延续情感的彼此以及如何协调处理与孩子的关系。

中国人离婚很少有心平气和的，通常都要搞得鸡飞狗跳，最后老死不相往来，认为对方十恶不赦，甚至跟孩子宣传对方是个混蛋，只有这样才觉得这个婚离得天经地义，很少有人对孩子说对方是个好人，而只是爸妈个性不合适，但是对方永远是你的好爸爸好妈妈，中国的家长很难做到这一点，恨不得把仇恨在孩子心里埋藏下来，让他们一辈子和你一起恨对方。当然，随着社会进步，现在也有很多夫妻离异后会坐在一起寻求怎么避免对孩子的伤害的途径，这对孩子而言是了不起的进步。

安全感的核心是“我能理解和信任所生活的世界，这个世界对我而言是安全的”。我对很多幼儿园做的防拐演练活动表示过异议，让一些老师或者某个家长拿着几块糖到幼儿园里，和孩子说我是哪个同学的爸爸，一半以上的孩子会跟他走。这不是胡闹吗？孩子不跟你走，说明你防拐教育的成功吗？殊不知，愿意跟着走的孩子，恰恰说明幼儿园是最安全的，对孩子而言他相信他生活的环境是安全的。防拐不是对辨别能力与自我保护能力极其弱的孩子进行测试，而应该教育的是家长和教师，如何给孩子一个安全的环境？我们应该让所有幼儿明白，在幼儿园里所有人都是可以信任的，难道幼儿园也要成为孩子们时刻警惕的场所吗？这才是对孩子的伤害。幼儿园要给孩子安全感，要给他们安定放松的感觉。

我家孩子上幼儿园时，我的口袋里永远有硬币，看到乞丐他想给，我从来不拒绝，也不和孩子进行太多的辨别。作为成人，我知道那是骗子，但是那时没办法跟他讲清楚这里的微妙。但是上了小学之后，我会慢慢和他讨论分析，如开车等红灯时，有人过来给车象征性地擦玻璃然后讨钱，这种情况下我开始不给。孩子会问为什么，我说这样会增加他的危险性，挣了钱的乞丐，会觉得这是赚钱的好机会，会增加他在这里讨钱的时间，危险就会增加。他说对，给他钱就等于鼓励了他在等红灯的时候做乞讨。随着孩子年龄的增长，通过讨论，他慢慢就有区分了，这种区分就是对社会的了解，就是更为复杂的安全感的建立。

家庭要给孩子安全感，首先要让孩子感觉到他是被爱的，这种无条件的爱用老百姓的话说是：爱孩子，要对人不对事儿。父母爱你是因为你是我的孩子，爱你是没有条件的。

有时候父母简单的一句“如你这么做，我不爱你了”，看起来管教孩子是有效的，但是伤害了孩子对父母的信任。而应该在和孩子沟通中区分“人”与“事”的关系，尽管事是人做出来的，但是不能因为事情而简单否定孩子整个人。我常对孩子说：“虽然这件事不对，但是你永远是我的好孩子。因为好孩子也会犯错误的。”

教育孩子，父母要对自己的性格有所了解，才能避免对孩子的误解。如我是个急性子，我知道对孩子一旦有情绪就不容易控制好，容易发飙。为了避免自己失控，尽量不让孩子形成不被爱的感觉，让孩子知道他永远是被爱的，而所做的这件事是不对的。为此，我会专门训练自己，当孩子做错事、要批评孩子时，我会拉着他的一只手或者两只手，看着他的眼睛和他说某件事，如果拉一只手说明这个错误不严重，如果我拉着孩子两只手，他就知道事情的严重性。这么做，很简单，也很有效。

家长要对自己是有清晰的认识，不同个性、不同脾气的父母要找到不同的与孩子互动的方法。家庭教育没有固定的方法，只有基本的原则，每个家长根据这些基本原则，去寻找你能做出来和说出来的适合你和孩子的恰当方法。

各位家长，如果今天你听完课，什么都没记住，就只要记住这句话：温柔地坚持你的原则。这句话大概就可以把爱与自由、正面管教等核心理念整明白了。爱是什么？爱就是温柔，是永远不变的爱，但是爱不等于没有规则，忍受孩子做不对的事情，这不是爱。

我爱你，但这个事不可以。

如果把这句话记下来，基本上教育孩子的技巧和方法就不会偏离太远。孩子会知道妈妈是爱我的，但是我做这件事是不对的。我讲了 20 多年的家庭教育，有一次我梳理自己的课件，惊奇地发现自己从来没有讲过沟通问题，自己都感觉很奇怪，但细细一想，也有道理，我觉得这不重要。中国传统的家训典籍很少讲方法，家长教育孩子的方法尺度可以是个性化的，不会有那么多我们理论推导的因果关系。

家庭中最可怕的就是没有爱或者爱是被权衡算计的。我印象深刻的一次是小学时妈妈问我：我对你这么好，老了之后你养我吗？ 我突然间“崩溃”了：原来这么多年爸妈对我好是有企图的，是希望我将来养他老的，否则是不是就不会爱我了。当然，经过成长和学习，后来发现爸爸妈妈并没有事事算计，爱我的感觉并没有表现出功利性来，也就释然了。

这是中国亲子关系中“立身扬名，以显父母”的传统。 孩子希望的是，父母对我好只是因为我是他们的孩子，不要负载任何条件；负载条件的爱，家庭教育的情感之根就不牢靠。 可以说，所有家庭矛盾都来自有条件的算计的爱。

学校老师常常无心犯这样的错误。 如一次调研考试，某班级成绩排名全区第一，这时学生最讨厌的是班主任满面春风地总结，这次考得很好，是因为听老师的话。 如果考得不好呢？考得不好一定是学生的错。 这样的教育归因，对学生主体性健康发展而言是成问题的。

各位回想一下自己的中学老师，如果老师在你学习最困难的时候拍着你的肩膀说总结一下，下次能考好，我相信你。 一句话就能影响你一辈子。 但也有一些老师很容易表现出功利性，“你考成这样，我怎么交代？ 我的奖金都被扣光了。”孩子会感觉他是在为老师而学，或者自己成了老师谋取荣誉与私利的工具。 希望家长把握好这个尺度，家庭之爱是无条件的，这和孩子考得好不好、家庭背景没关系。

另外，很多家长在管教孩子时偶尔情绪失控了，对孩子吼叫甚至动手，但是发现孩子十分包容，事后还是对父母很好，这让很多情绪失控的父母感到愧疚。 这就是无条件的爱在起作用，相信爱，才能相信孩子的成长。

（二）把握感

孩子对周围环境的把握感首先来自家庭是爱他的，这就是安全感，其次就是家人是彼此相爱的。

1. 对生活的把握感

“父母对孩子最好的爱是夫妻恩爱。”

这个很好理解，家是夫妻搭起“房子”，如果夫妻俩整天吵架，那么，这个房子就无疑地震了，孩子呢？ 肯定会感到恐惧。 长期生活在这样的环境中，孩子就会有逃离的冲动，想要离开这个让他感到压力和恐惧的地方。 如果家里整天鸡飞狗跳，孩子要把所有的精力用在应付父母上，那么这个孩子怎么可能静下心来进行学习这样的脑力劳动呢？

我曾经在高考前为一位迎考的孩子做咨询，孩子来跟我聊了两小时，刚开始的一个半小时都在哭，最后还有半小时孩子说了一句话说：老师，我上大学了，妈妈怎么办？ 他说：从小就看到爸妈天天吵架，自己在家还好一点，常常作为中间调停人，能帮忙平息他们的矛盾，如果离开家上大学怎么办？ 后来确实如他所说，上大学之后不到半年，他的爸妈就离婚了。 有人说高考以后是离婚的小高潮，很多父母觉得为了孩子终于忍到头了，在孩子高考后再也没有忍的必要了，这么看来是有道理的。

我刚才讲的职业学校一个班那么多单亲孩子，难道是这些孩子没有考上传统意义的好高中，而上了职业学校（我这里也没有歧视职业学校孩子的意思，更不是说职业学校的孩子都有问题，而是在中国当下的教育氛围下，主动放弃普通高中选择职业学校的孩子不多，他们大多数是就着分数上了职业学校），父母觉得丢人才离婚的吗？不是的，而是反过来的，夫妻组建的家庭从来没有给孩子一个稳定的家庭课桌。

前面总括性地介绍了孩子对于周围环境的把握感来自家庭的稳定性，父母婚姻的稳定性对孩子的健康成长意义较大。

“好爸爸存活在妈妈的嘴边。”

接下来我带大家考察另一种现象，这个时代所有父亲日子都不好过的，不少妈妈认为自己是隐形单亲，称自己的育儿为“丧偶式育儿”，甚至认为孩子的所有问题是爸爸缺位的原因，如男孩缺少阳刚之气等。

我发现，这个社会在讨论孩子问题时常常有会直观地找原因，如隔代教育，认为老人宠孩子，把孩子宠坏了；或者认为爸爸没有承担教育责任。我回想一下，我们小时候都是妈妈和奶奶带的，好像爸爸也没有承担太多的教育责任。因为爸爸是家里的经济支柱，是劳动者，要赚钱养家，家务和抚养孩子的责任就都落在妈妈与老人的身上。有人会问我，是不是因为你是男性，所以为不负责任的爸爸们辩护，我说不是，父亲能抽出时间带孩子更好，但是实在做不到。如何弥补不足，避免对孩子的消极影响？我认为，好爸爸的形象存活在妈妈的嘴边，这一点所有妈妈都要知道，这不是迁就或者饶恕爸爸们，也不是阿Q精神，而是围绕孩子成长这一总目标的自然选择。

如同一件事，不同的家人就有不同的反应，所达到的教育效果就不同。如我小时候记得，爸爸喝醉了酒回来，我的妈妈会吩咐我和姐姐：“快！拿毛巾。你爸爸不容易，为了这个家喝成这个样子。”你说我妈妈得多有智慧啊！你再看看我们现在女人怎么教育孩子的，她们会说：你爸爸一天到晚就知道喝酒，这个死样子还要我给他倒水！

我现在都记得妈妈嘴里我爸爸美好的形象。我小时候起床，早出晚归的爸爸，也很少见到，妈妈常说，爸爸昨天晚上回来亲了你一下，还帮你盖了被子。我虽然基本上不记得有这回事，但是这句话一直到现在都在温暖我。

上大学了，妈妈给我打电话，第一句话就是你爸想你，但是就是不主动打电话。这就是父亲，他的美好、爱孩子的形象永远在妈妈嘴里不断地传递给了孩子，这就是妈妈的智慧。

家庭生活的艺术就是不能实话实说，实话实说还要父母教师做什么，找个警察就完了，教育不是侦破案件，而是围绕一定的目标沟通，才能称之为艺术。

日本有一位拿诺贝尔文学奖的作家，他回忆木匠父亲，给别人修房子从房顶摔下来骨折了。眼看着房子盖了一半雨季来了，父亲躺在床上辗转反侧。终于有一天实在躺不住了，撑起了雨伞，带着工具箱一瘸一拐地消失在雨中。这就是父亲留给他最深刻的印象：我和妈妈靠在门边上看着远去的父亲，视线模糊了。这是父母给孩子最好的人生礼物——正确的价值观。

在座的各位，你们夫妻两个人怎么相互塑造这个家庭的？怎么相互把你的爱人捧得跟朵花一样。我们南京有一句话是人抬人高，水抬船高。夫妻俩经营家庭，要让你的孩子感觉到你们彼此相爱。

“我能够被理解，并得到帮助。”

帮助孩子是中国家长最欠缺的，不是你怎么说他才会听，也不是你怎么听他才会说，不是简单的沟通技巧而是价值观念，比方说一个孩子考试成绩不好，你的反应是什么？你孩子的老师给你发了一条短信告状，你的反应又是什么？这些反应就是理解孩子的过程，同时也是帮助孩子的过程。再举个我家的例子。

刚上小学有一次，孩子的老师给我发短信说孩子眼保健操让班里扣了两分，上午一分，下午一分。我从学校上完课去接他放学，一路上我就想，看到孩子之后说什么？后来决定直面问题，不要拐弯。见到孩子后，我问孩子说今天过得怎么样？有什么挑战吗？他说挺好的。我说老师发了一个短信，说你眼保健操扣了班级两分。他说对啊，我今天扣了班级两分。我接着问，什么原因扣分的？他说我做得好好的，忽然听到有人走路，就看了一下，哪知道正好是检查的老师，就被逮到了。孩子很委屈：我一直认真做，只是看了一下就被扣分了！

了解了情况后，就继续问：你觉得眼保健操有用吗？如果觉得眼保健操有用我们就认真做；如果觉得没有用，咱们就考虑如何不给老师添麻烦，不能扣分，因为那扣的是老师的绩效，是老师的钱。

在理解了孩子，也理解了老师后，接下来就是和孩子一起想办法如何避免再一次发生类似的事情。然后他就开动脑筋，想了很多方法。如其中有一个方法是我可不可以堵着耳朵，这样就听不到有人走路了。后来想想不对，这样音乐就听不到了。后来又想了一个办法，做眼保健操时心里编故事，这个方法挺管用，到现在都没有扣班级一分。

方法谁想的？他想的。谁帮助他的？我帮助他的。我没有一接到他就打击他，让他感觉到老师给我发短信，父母面子挂不住才对他发脾气，而是理解他，要帮助他。教育孩子最好的方法不是专家，也不是父母，而是孩子，他想出来的方法才能执行，我们永远教不会孩子所有的方法，而只有通过支持、相信，允许他自己表达，鼓励他去尝试得来的。

“生活有仪式，家庭有凝聚力。”

我们家有个自创的节日——家庭日，也就是我和爱人的结婚纪念日。孩子小的时候，我们会把小孩丢给老人然后出门去庆祝，随着孩子慢慢长大，我们在结婚纪念日那天就全家人在一起创造氛围庆祝。买蛋糕，买气球把家布置漂亮，然后一起翻看结婚照纪念册，还有结婚当天的DVD，没有孩子，我们几乎不看，现在我们家每年都看一遍，孩子看得特别兴奋，因为视频中会出现很多他现在熟悉的人，现在长大了，到了青春期，孩子再过家庭日时，会问爸爸为什么会喜欢妈妈？在探讨时，就将我们对爱情的价值观传递给他。

我还有个师妹，她生了一对双胞胎女儿，每年结婚纪念日会把结婚礼服拿出来，夫妻俩在同一个地方坐下来，两个双胞胎女儿摆上画架，给父母画婚纱照，一年一张。画的结果无所谓，但是温馨的家庭在这个过程中建立起来了。在座的各位你们家里什么样的活动是一起做的？为家庭建设做了什么努力？

每个家庭情况不一样，但是家庭一定要有一两件事是可以全家人一起做的。哪怕星期六上午上完辅导班，中午有两个小时一家人在一起把橱柜擦一下。你的孩子将来长大以后什么都忘记，一定会记住爸爸妈妈一起擦橱柜，一家人说说笑笑，抹布掉在头上，水撒在地上那种温馨的感觉。家是永远可以向往的地方，也是情感的源头，一定要创造出这样的故事。如果家里没有一家人在一起的故事，那么这个家从灵魂上已经散掉了。

什么叫好家庭？能讲出家庭故事的家庭是好家庭，讲不出故事就是坏家庭，这就是家风。清明节、端午节，春节等，所有的节日我们都可以带着孩子回家讲故事，让爷爷讲，父亲讲，长辈讲，同辈讲，家族故事就这样一代代地传承。

2. 对学习的把握感

家长可能对学习比较感兴趣，为了孩子有学习的把握感，很多地方上小学之前就有学前辅导班，幼小衔接班，让孩子学学拼音，学学写字，学学加减法。细究一下让孩子提前学的出发点是什么？ 可能有的家长会说不提前学，上小学了就等着遭罪吧，开学了老师讲得飞快，你就等着哭吧。

我想说的是，孩子哭不是坏事。 孩子刚上小学，适应新的环境，面对新的挑战，接受新的事物，很容易不适应，哭就是自然反应。 开开心心上学去，快快乐乐回家来，是理想状况，有这样的期待，合情但不合理。

我们说游泳要有水感，打球要有球感，那么学习就应该有学习感。 学习感就是对学习的把握感，现在很多家长因为舍不得孩子有任何波折，舍不得孩子暂时落后所带来的挫折感。 而真正的学习感和学习信心，正是建立在挫败的基础上。

学习把握感不是每天开开心心地上学，毫无忧愁地成长，恰恰相反，成长就是每天遇到困难，并在家人和教师的帮助支持下从不会到会，从不熟练到慢慢熟练的过程。 有一个家长告诉我，他家的孩子是零起点上学的，他说孩子刚开始成绩不好，每天回来都哭，后来妈妈陪伴下，每天进步一点，逐步跟上大部队。 他以后再遇到困难就不急了，他说现在虽然不能每次都拿 A，有的时候还拿 B，但是他说他不怕了，他拥有了真正的自信。

我们很多辅导班从幼小衔接就开始给孩子挖坑，上小学一年级运用恐吓的手段让爱孩子的父母把孩子送去提前学，那么孩子就不是在上学，而是在复习。 有一位老师曾经讲了一个鲜活的案例，一年级的小学霸，人长得漂亮，上学前基本的内容全部都会，大家称她为女神。

她确实是个女神，上课没有她不会的知识，老师也喜欢她，只要遇到难题，大家都看着她，但是越往后，越有她没有提前学的内容，这时候怎么办？ 她会保护自己，会隐藏自己，问题就来了。 她会在课堂上运用掩饰策略，把更多的精力都用在维护自己的感觉上，后来干脆下课以后也不和同学们一起玩儿，回家会主动让妈妈送她去辅导班，妈妈会觉得很高兴，觉得孩子很好学。 其实不是，她想提前学了以后继续当学霸。

另外，在辅导机构提前学，还有个专业问题，那就是很多辅导机构都没有专门的教学研究，为了快速出成绩，他们只是按照一定的公式套用，而损害了孩子的思维品质，这样的孩子考得好和别的孩子考得好本质不同。 这一点我们要引起重视。因为外面辅导机构利用的是家长的爱心，希望孩子开开心心上学，快快乐乐学习，而这里的快乐应该是通过努力获得把握感和成就感才能真正得到。

我们有两个教授到苏格兰小学发现他们的墙上写的都是学习的大实话，第一句话是“学习是会遇到困难的”，第二句话是“遇到困难的时候心情会不好的”，第三句话是“遇到困难的时候是一样可以继续学习的”，我们中国家长可能有点接受不了。心情不好没兴趣为什么要学呢？ 兴趣才是最好的老师，兴趣不高不是不能学吗？ 人家马上来第四句话“学习的效果是一样的”。 我想这就是学习的常识，违背了常识的各种观念，听上去很好，却贻害无穷。

对学习的把握感如何营造?

首先是要把握好时间。时间每天都是固定的，怎么使用、怎么规划是我们教育孩子最基本的，也是最重要的。家庭教育首要的就是管理好自己的家庭生活。比方说前不久上海有一个家长做了一个“5 岁孩子的简历”，很多人都批判，我其实是鼓励的认同的。夫妻两个都是复旦大学的毕业生，这对夫妻对于孩子家庭时间管理是清晰的，同样的 24 小时，别人会比你的效率高出几倍，这就是好习惯，一个孩子在家善于把握自己的时间，能够把自己每天要做的事和喜欢做的事做好编排，从而提高家庭生活中的学习的效率。这一点在学校不需要，学校有课程表，没有什么喜不喜欢的，到了某个点上什么课，你不喜欢也要上。

北美心理学家十几年前就研究出了学业成功的孩子的家庭基本特征，第一条就是家里有吃饭、睡觉的时间表，有日常事情的安排。我在普陀区的树德小学，他们的校长我特别佩服，他们每天会定出来一个日程表，让家长回去把作业、生活、运动都定在其中，孩子回去按部就班地做。这就是好学校，很低调，但是每天都在做正确的事儿。

陪伴孩子的爷爷奶奶、爸爸妈妈有时候想不到这一点，一个孩子回家，这么多作业有的孩子半个小时就做完了，但是有的孩子三个小时才做完，结果都做完了，但是这两个孩子差别大不大？极其大。问题在哪？问题就是在于没有管理好时间，效率太低。我家孩子星期一到星期三会把练钢琴写在尽管不喜欢，但是必须要做的事上，但是星期四可能会写在我很喜欢那一栏。原因是周日学的新课，周一到周三不熟练，当然不喜欢了。

第二，照顾好你自己。越依赖的孩子越无能，个性越容易偏差。我们经常跟很多女同志讲改革开放之后第一代独生女，她们嫁的男人可能是一个妈宝。什么叫妈宝？就是从小被妈妈宠坏了，他们没有真正的长大。

研究表明，妈妈从小培养孩子的自理能力，越独立的孩子长大以后的成就动机越高。什么叫成就动机？就是上进心。孩子越独立长大以后越想好，有任何困难他都可以尝试冲过去。如果孩子从小什么事情都是依赖父母，他问得最多的是我怎么办？怎样培养是最正确的？就是遇到事情之后常说让我试试看，如果孩子往那一坐说你来试一试，他摇摇头，那就没戏了。

很多家长对孩子的要求是，“你只要把学习搞好，其他什么都不用你管”。最终孩子却会发出感慨：“只要不让我学习，什么都愿意干。”树德小学有一项作业我特别欣赏，他们让每个家庭设立家庭岗位，学校要求每一个孩子在家里面必须承担一个岗位，以提高孩子的家庭责任感。

除了责任感培养，还有对学习更显著的作用，越是积极参与生活，孩子将来学习的经验和基础就越牢靠。我们小时候因为有丰富的生活体验，所以在学校的符号知识的学习才可以抽取和提炼。小学老师都知道搞课程改革有让孩子数学课上做一做、试一试，这是符合规律的，但是也有困难，因为学校根本没有时间也没有精力和条件去丰富孩子的经验。而家庭才是孩子丰富经验的主要场所，但是现在的孩子几乎没有家庭生活了。

有一次，我二年级的孩子回来问我：买500送200是什么意思？我跟他说买500送200，不就是300吗。他就问那200送哪去了？怎么用？怎么解释都解释不清，最后让他跟妈妈去商场买东西，两个人花了一个下午最后回来兴奋地分享他的发现。

缺乏生活除了脱离真实生活场景，还有一个明显的特征就是“不无聊”，我们小时候放暑假第一星期很开心，因为不用上学，但是一个星期后就开始厌烦，为什么？放假不好玩，那时也没电视看，一帮小孩爬树、上高墙、摸鱼、捞虾。现在的孩子没有无聊的时候，只要一无聊就拿着手机刷，一天都不会无聊。不无聊就不会想着点子玩，不无聊就没有创新，这样的孩子与生活就越来越遥远。

我们家孩子三年级时，有一次老师让带点韭菜去学校，到了星期五才知道老师利用下午班会课时间教孩子择韭菜，一根一根怎么择，五根五根怎么择，韭菜摘完不许收起来，放在桌角，不许洗手，拿一张纸出来写作文《第一次择韭菜》，全班只有两个小孩不会写，后来才知道他们的奶奶把韭菜都洗好了带过去的。当孩子们手上有韭菜汁、泥土，整个作文写下来色香味是不是都全了。孩子写出来的排比也好、比喻也好惟妙惟肖，活灵活现，这就是有了生活体验的结果。

一个孩子的作文就是两条途径，阅读加上体验生活。光阅读不行，光体验生活也不行，阅读加体验生活，然后通过写作练习整合它们，才能真正提升写作水平。

第三，勤快的人更幸福。研究表明，如果一个孩子从小就表现出懒骨头，到了他退休的时候他积累的财富就很少，这一点可以理解，勤劳致富嘛。另外，研究表明，懒骨头的孩子更容易犯罪，因为他不想干活又想赚大钱，怎么办？只能坑蒙拐骗，搞高利贷，赌博，只想快速致富，不想付出劳动。

富裕起来的家长，常常彼此之间比赛给孩子压岁钱，两个家庭之间拼命斗争，双方老人会攀比，觉得给孩子钱多就是更爱孩子，这样的观念需要纠偏。

几年前我在线讲过一堂压岁钱怎么给的课，压岁钱首先不是考虑理财，而应该考虑厘清情感。不少银行还给儿童开辟了压岁钱的理财项目，他理什么财？钱哪来的？我会告诉孩子，因为爸爸所以别人才会给你钱，而且爸爸还需要还给别人，这就是礼尚往来，他给 1 000 元，我不能给他 800 元，我也要给他 1 000 元，这是我们成人之间的情感联系。很少是人家给你，你不用给别人的。这种情况下孩子只会留下红包，钱要还回去，流动的是情感，钱是不变的。所以，我们家孩子这么些年留下一排的红包，满满的祝福。

现在很多家长没把情感理清楚，一个道德观念混乱，甚至缺乏起码底线思维的民族，用钱来衡量一个人的情感多寡，这是令人担忧的。给的钱多就是更爱你，这是不对的。我经常说在理财之前首先要理好情感，这是一个常识性的问题。我们现在很多家里不讲常识，导致春节一结束很多孩子闹着要父母把钱还给他。孩子是独立的，这没错，但是有一些起码的底线，独立的是人格，是精神，而不是简单的对等。

懒骨头更容易患精神病，这个好理解吧？有人说抑郁症是21世纪的精神癌症，因为无聊就容易得病。很多人原来辛辛苦苦工作，每个月赚几千块钱，买房、买车还放炮仗庆祝，激动得不得了。为什么？因为这时通过劳动得来的。但是，现在很多地方搞房屋拆迁，你会发现一下子出现了一批拆迁户，而拆迁户的第二代是最难教育的，为什么最难教育？因为这些拆迁户房屋面积大，一拆就能补偿到很多钱和几套房子，这些人一下子就不知道自己姓什么了，就找不到来时的路了。他们觉得工作也不用干了，天天去打牌。学校老师管他们孩子的时候，他们会说家里有钱，几辈子都够用。这种家长最难交流，为什么？因为他的价值观不对。

前段时间看了一个新闻，美国一个小姑娘30几岁。她17岁中了300万美元的彩票大奖。17岁的孩子都在为了读大学奋斗的年纪。她不读，开始化妆、玩，人也发福了，无所谓，因为有钱。也不修饰自己，也不读书。30几岁的时候她把福彩公司告上了法庭，原因是让她在最需要努力的时候有了财富。虽然故事有点奇葩，但是事实真的发生，所以，在中国不允许未成年人买彩票是有道理的。家庭教育最大的挑战考验的是父母的价值观，孩子成长的天花板就是父母的价值观，而不是情商和智力。

（三）成就感

教育孩子是基于情感和爱，但只有爱还不够，还需要有成长和蜕变。很多母亲练过瑜伽，什么时候最痛苦？是不是压着腿最痛苦？练过之后是不是有带着酸爽的成就感？孩子的成长会遇到痛苦，有没有在他痛苦以后通过突破获得某种成就感，这就带有人生的酸爽感。如果你的孩子经常经历这样的过程，那么他就是健康的，将来就会珍惜美好生活，就会有幸福感。

富裕起来的社会，很容易让孩子失去成就感和自我价值观。如一个孩子到了高一不想上学，问他为什么？他说觉得上学没有意思，也不需要，他妈妈说怎么不需要呢？不需要读书将来怎么过好日子？他说现在日子就蛮好的。妈妈说你现在过得好是因为父母工作养你，我们死了怎么办？孩子的回答让父母吃惊："你死了更好"。这不是道德问题。试想爷爷奶奶有两套房，外公外婆有两套房，爸爸妈妈也有两套房，都死了，这六套房都是他的。在北京、上海有六套房，你告诉我什么感觉？卖两套，出租两套，自己住两套，这个人要上学干嘛？在经济时代，对人最大的考验就是价值观，否则，富裕起来了，意义也失去了。

现在为什么富二代难教，因为第一代是自己辛辛苦苦摸爬滚打爬上去的，富二代怎么上去的？ 抱上去的。 想想，抱上去的和爬上去，哪个对现在的生活会更珍惜？ 当然是爬上去的珍惜了，人永远不会珍惜来得太容易的东西。 所以，中国的老话一定要听，富不过三代，要想富过三代也行，让你的孩子继续创造财富。

学习一定是一个深层、痛苦的过程，只有突破了，才会有一定的成就感。 我从小不问孩子心情怎么样，不是不关心孩子的情绪，而是这还要问吗，看看就知道了。 孩子回来脸像马脸一样，你还要问你今天开心吗？ 你一看就看出来了。 所以，我的孩子早上上学，我会说：“孩子去吧，接受挑战吧。”上学容易吗？ 不容易，每天都是 40 分钟间隔 10 分钟，周而复始。

下午，我接到孩子的第一句话会说：“辛苦了！”然后抱一抱他：“今天有什么突破和挑战吗？”我们家孩子就说：“我今天水喝完了。”这也是了不起的突破。

我们的夏令营有一个规矩，只要没有吃什么过敏，不喜欢的菜必须吃两筷子，喜欢的菜必须控制食量。 不要任性地说喜不喜欢，不喜欢从营养均衡的角度必须吃两口。

中国有一句话：万事开头难。 吃苦菊，开始的感觉是不是很难，嚼着嚼着是不是感觉很香。 很多人一辈子的失败就是那开始的 5 分钟没有突破过去，很多孩子想着周末回来一定要好好做作业，本子带回来了，可真正坐下来是不是很痛苦？ 人生的失败就是每件事的开始那 5 分钟，5 分钟谁熬过去，谁的习惯就好，谁就可以获得成就感。

练习钢琴也是“我不想弹”，“来吧，先坐下来再说。这会儿不讨论喜不喜欢，我们早就讨论过，我们是从喜欢开始的，现在要紧的是练下去。坐下弹吧，我在你后面支持你。”只要5—10 分钟，眼泪也不流了，琴也弹顺了。顺完以后他就说“耶，成功！”一天天就这样不断地自我超越、自我突破而带来自我成就感。

成就感不仅提醒在自我的突破上，还体现在为了更多人的福祉上。要努力做到“我的存在，让更多人过得更好！”

我们 2015 年开始在大别山支持了一所小学，原来有 40 几个孩子，今年我们去了之后，就剩下 20 几个孩子。我们去了之后发现一个现象，穷困的孩子一样不干活，一样在家里看电视。老人家说舍不得，爸爸死了，妈妈跑了，怎么舍得再让他做事呢。

为此，我在大别山给他们讲富裕起来中国第二代的教育，后来我们得出一个结论，不简单地给他们钱，我们把苏浙沪这一带和我一样有共同价值观的家长和孩子们召集在一起，“五一”劳动节直奔大别山，跟当地的孩子一起采茶，把采出来的茶卖到茶厂炒成茶叶，然后把孩子的照片贴在上面在网上拍卖，拍卖得到的钱让孩子吃免费的午餐，一个月 2 000 块钱给 7 个特困孩子免费午餐，给全校的孩子做一碗汤。

这是“五一”劳动节的传统活动，“十一”国庆节我们要把这些孩子和家庭带到上海、南京，让他们的孩子看图书馆、看地铁，了解城市的文明，拓宽眼界，敢于畅想。有人跟我们说，你把他们的心搞野了，将来不能安心待在农村、建设农村，我说只有走出农村，才能建设好农村。况且，他首先要有权利选择什么样的生活，否则这个社会就是不正义的。

我们还将我的教育理念设计了一本日历，用以帮助更多家庭规范家庭生活安排，里面有我讲的12堂语音课程，有12个节日和节气的教育提示，有全家人一周的时间安排协调表，一个孩子如果买一本就可以给大别山特困孩子做一顿免费午餐。

当然，不是每个孩子和家庭都需要这么做，在日常生活中就可以，让孩子为这个社会带来一点正能量。我们可以让孩子用自己的能力，温暖这个社会。如感恩节，我会让孩子写上感谢的话贴在报箱上、垃圾桶上。孩子会写字了，我能提供的就是一张纸，让他表达对别人的感谢。

还有平安夜，孩子读过安徒生的童话《卖火柴的小女孩》，他也想我们的国家有没有那样可怜的人，在转过一圈后发现找不到这样的人，就买一筐苹果拿回来洗干净。这天晚上送给社区的保安、帮我们剪头的理发师、附近超市的收银员。我们为什么送这个平安果？因为你给我的孩子一个平安的环境，所以我们报答一个感谢的平安果。

虽然是一个“洋节”，我们取平安之意表达祝福，一个物管工作人员辛辛苦苦在这里收物业费收不来，突然有一个孩子给他送个苹果说你辛苦了，他再苦再累也值。这四十年来改革开放确实为我们带来很多好处，但是我们也丢失了很多。经常看到爸爸妈妈带着孩子坐车、吃饭，对服务员态度很差。很多家长还理直气壮说我掏钱了，你掏钱了你就可以不尊重人吗？ 你当着孩子的面对服务员吆三喝四的，这不是中国人应有的品质。

家庭教育孩子最重要的是价值观，它会决定你的孩子的高度。 价值观永远是第一位的，我 20 年前刚刚开始做家庭教育的时候也特别重视技术，会花大量的时间研究如何让家长和孩子沟通，怎么说话，后来我越来越发现这些不重要。 最重要的是我们一以贯之给孩子埋藏了什么样的种子，这个种子未来一定会生根发芽。

最后把这段美国心理学会主席马丁 · 塞利格曼 1996 年讨论美国几十年来进行挫折与自信的关系说的一段话送给大家。 这是一段他对美国持续多年的“自信运动”后的反思。 我想对这中国二十多年来偏狭的“快乐教育”和被误解的“愉快学习”也有启发。 下面是他讲的原话：

孩子需要失败，他们需要感到悲伤、焦虑和愤怒。

这句话最重要，对于一个健康、幸福成长的人来说，积极的情绪是必须的。 但是我们不需要为了积极情绪而帮助孩子解决所有的问题，不让孩子有一丝一毫的悲伤、焦虑、挫折，如此他们就不会处理自己的问题。

我们小时候什么时候爸爸妈妈才知道我们在外闹矛盾了？划破了脸，坐在家里哭，赌气不去玩了。 可是，外面火一般的热闹，坐 10 分钟就忍不住了，找一个瓶盖在门口一放找台阶下，很快就玩到一起了，半个小时后又闹矛盾了，我们小时候一天能来好几轮。就这样我们学会了怎么玩，怎么闹矛盾，然后又怎么找台阶下，怎么妥协。我们从小一不自杀、二不杀人，有着充分的弹性和活力。再看看现在很多小年轻夫妻经常冷战半个月，睡在一张床上，冷战半个月一句话不讲，这是人过的日子吗?

事实上，孩子需要失败，他们需要感到悲伤、焦虑和愤怒。当我们充分地保护孩子免于失败时，实际上我们剥夺了他学习的机会。当孩子遇到挫折时，如果我们替他们打气、弱化打击，增加他的自信，用热情的赞美使他分心，而不是正视问题，我们只会使他更难达到掌控。如果我们剥夺他获得掌控的机会，反而会使他失去自信，这个效果跟我们蔑视他、侮辱他、嘲笑他和体罚他结果是一样的。

所以，我认为这种自信运动反而是造成目前大量年轻人自信心不足的原因。因为我们在孩子摔跤处先铺上垫子，在他难过时先替他找好借口，使他感受不到克服困难的喜悦。为了不让孩子感到失败，我们先剥夺了他自我超越的喜悦。我们一味地防止孩子感到悲伤和焦虑，反而使他们变成抑郁的高危群体。如果成功来得太容易，那么将来失败的代价就会更大。

如果我们每天都在做这样打击孩子，让他变成抑郁症患者和高危人群的事情。我们在孩子遇到任何挑战的时候给他找各种理由，总之我们怕孩子哭，怕孩子从小焦虑。在他最需要调节自己神经、让自己变得更强大的时候我们错过了最关键的时候，等我们孩子长大了，让他一下子面对这个社会的复杂、挑战和完整世界的时候，而他们却无法长大。

这是我今天说的如何在家庭中培养孩子的健康与幸福，希望给你们带来一点点启发。

爱他如他所是

段鑫星

专家介绍：段鑫星，教授，博士生导师，北京师范大学心理学博士，美国杨伯翰(Brigham Young University)大学访问学者，现任中国矿业大学公共管理学院院长，中国心理学会心理师。出版专著《大学生心理健康教育》、《大学生心理危机干预》、《爱是青春的舞蹈》、《许我一个明天》、《压力是生命的甜点》、《重建生命的未来》、《从成长成人到成功》、《心理咨询与治疗：理论与实务》、《农村心理健康读本(打工篇、恋爱篇、家庭篇和亲子篇)》、《思想政治教育的心理视野》等10余部。

今天想给大家分享的题目是“爱他如他所是”。作为家长，总希望能够把孩子培养成最好的、最优秀的，希望能够培养出一个能够上清华北大甚至哈佛耶鲁的孩子。天下父母，都希望孩子可以超越自己，甚至把孩子当做实现自己梦想的载体，自己曾未做到的事情，将希望寄托到孩子身上，让孩子帮助自己实现梦想，了却夙愿。但是，如果我们用这样的视角看问题的话，我想多数家长在培养孩子的过程中，可能体会到更多的是压力、挫折、焦虑。事实上，一个孩子，只要身体好、习惯好、性格好、品德好，最终他会成长为人格健全、适应社会的孩子，正如爱他如他所是，而非你所愿。

每个孩子都是一个独特的个体，可能我们生二宝的家长都会感到两个孩子的差异，性格天性都不一样，对孩子来讲顺天性而养。大家可能问孩子的天性是什么，家长需要的是发现、启蒙、陪伴。在这个过程中，引导孩子的天性慢慢地长出来。

有的家长不停地盯着孩子学习，把孩子盯到上大学了，你会发现好多孩子到了大学以后没有人管了，各种毛病都出来了，这是为什么？这是因为没有顺孩子天性而养，你要知道你孩子的状态是什么样的，家长不需要专业，但是家长需要有些素养。这些素养我个人的感受是，我们家长都会放大孩子的优点，我的孩子好聪明，等你到一个学校一看，发现孩子没有那么聪明，现在的孩子都聪明这是一个基本判断，所以我们有很多时候家长会问我一些关于要不要早教的问题，其实我觉得很难给出一个绝对的答案，但是一个基本的判断你要看孩子，所以一个基本的道理孩子要顺天性而言，爱他如他所是。这个孩子是在哪一个点上擅长，有家长说我孩子只在玩上擅长，学习不擅长，那就看他能玩出什么花样来，在玩中学，因此，每个孩子启蒙是不一样的。

家长感冒孩子吃药，孩子出现问题，不能说百分之百，但是多半可以把板子打在家长身上，在培养孩子的时候，孩子身上的问题都能从家长或者家庭身上找出一点点蛛丝马迹，换句话说，孩子生出来是一张白纸，他带着我们父母的基因和期待来到这个世界上。

综艺节目《爸爸去哪儿》第一季中有一对父女让我印象特别深刻，即跳水冠军田亮和他的女儿田雨橙。作为跳水冠军的女儿，我们总会刻板地认为父母可能希望孩子子承父业，这也是众多网友所期待的，但是面对这个问题，田亮在节目上却说："女儿未来的发展要顺其自然，当然会以学业为重，我会保护她的天真，剩下的，就交由她自己选择，然后有方向性地进行引导。"田亮用行动诠释了对女儿的爱——爱她如她所是。虽然田亮是有名的跳水冠军，却从不强制要求女儿往跳水方向发展，反而是鼓励她追求自己的梦想。如今，当初那个活泼好动的小姑娘，现在更是多才多艺：足球、滑板、网球、篮球、小提琴、绘画……

爱孩子，就要如他所是，我们所给予孩子的是爱，而不是我们的思想。正如心理学家赫尔巴特曾说过：孩子，我们必须为他尽到教养的责任；同时，孩子也不是我们的孩子，因为他是独立自由的个体，他有权利和无限的可能，去塑造属于自己的人生。

爱他，不能以爱的名义伤害他

中国家长的人设，万能的家长加上完美的孩子，我们家长现在特别对孩子有期待，期待他各方面都好的。

在大学里经常会看到，家长陪孩子复试，我说：“孩子多大了？”家长说：“多大了我也不放心啊”，给大家一句话，请你放下那双勤快的手，中国家长有四过：“过度保护、过度溺爱、过度关注、过度期待”，我们家长都觉得不过度，现在孩子出门，我得送，孩子回家，我得接，但是总是有放手的一天，你可能最终还得让孩子自己学会自我保护，而不是说你一直护着他。家长没有不爱孩子的，就看宠的点在哪里，过度关注和过度期待，往往有时候会害了孩子。

我在朋友圈里看到很多家长在吐槽，家长已经变成天底下最困难的职业了，我们要帮孩子做这么多事，我感觉到家长的越位太多，有时候孩子能做的，家长总担心他做不好，所以我分享一句话，尤其是那些特别能干的家长，要特别注意一个点，绝对不能出现胜利者效应，家长和子女有的时候是一种潜在的竞争关系，有些家长经常说：“我像你这个年龄……，我从来没让我的父母操过心。”是这样吗？ 哪一个孩子不是父母操心长大的？ 你让父母操心的时候你早忘了，人的记忆都是选择性的，选择好故事讲给自己的孩子听，这样的孩子可能会有什么问题，他和你比成功比不过，他可以跟你比失败，让你很受挫。

举个例子，父母两个都是老师，看到都是别人家的孩子，对孩子有很高的期望。 这个孩子很听话，但是到了青春期就说他不想活了。 他真的做到了，在他生日的前一天自杀了，让父母感到终身挫败。中国的文化说“好死不如赖活着”，这个孩子以他的失败让父母的胜利者效应永远失效。

我们文化中有两个普遍焦虑，被期待的焦虑，被评价的焦虑，特别要关注家庭中特别乖的孩子，好孩子有一些情绪在背后，所以我们允许孩子成为熊孩子，允许孩子有个性，大多数孩子都是普通的孩子，但中国家长却期望有完美的孩子。

如果你有这么一个完美的孩子，你受得了吗？我一般对特别完美的人是心怀警戒的，因为世上没有完美，这个人和你交往滴水不漏，那样的人我首先感觉心累，而且通常这样的人他们的毛病会隐藏在后面，就在正常的人群中，比如说在座的各位可能女生喜欢吐槽八卦、逛街聊天，男生喜欢吹牛、喝酒，如果一个人不抽烟不喝酒也不吐槽，不唱歌不打牌任何坏习惯都没有，凡是这样的极好女人和极好男人，他们一定有一些特别奇葩的爱好，人生是均衡的。

可能家长会问一个问题，现在的孩子不努力，学习没有兴趣，我那个年代没有努力，就没有未来，现在他不努力，还没努力你都给了，为什么要努力，能给我一个理由吗？有一个理由就是这个孩子特别喜欢，所以家长要做的，这个兴趣是需要的，我觉得阅读是一个很好的陪伴，通过书来看世界，我觉得对我们家长来说是最近的路。我也经常会和我的研究生说，读书不能让你富贵，但是读书可以让你活得更笃定，内心更丰盈。我这么说也比较抽象，你要让小孩喜欢学习，家长你要“假装”喜欢学习，不能说我一点都不爱学习，一看书就头疼，那你让孩子去学习很难，我特别鼓励小一点的孩子读绘本，大一点的孩子我不主张读动漫，因为动漫会把文字切断，就读经典，还有读童话，大家陪伴他读的过程中，语言能力慢慢就生发出来了。 命是什么？ 就是我们的遗传密码，什么是运？ 性格的养成就是运。

爱他，要学会安抚他

做家长很重要的一个素质，在处理孩子的行为问题的时候，先接纳孩子的情绪，如果孩子特别倔，一定要让孩子把情绪发泄出来。 大人和孩子的情绪是两个很重要的点，为什么有些代际传递出现问题，父母暴躁，孩子也暴躁，因为他们都没有学会处理情绪。

当我们和孩子都有情绪的时候，一定要读懂孩子的情绪是什么，我们家长先处理情绪再处理事，处理情绪先要让情绪停住，如果停不下来怎么办，家长可以闭上眼睛深呼吸，深呼吸的时候你会慢慢地让自己的呼吸平稳，思维恢复。 有情绪的时候我们会失控，因此要学习与自己的情绪相处。

性格是遗传来的吗？ 性格是后天养成的，在孩子性格的养成过程中，家长的作用很大。 有些孩子人生自带三分气场，你可能就要稍微压一压；有些孩子可能天生胆小，你要鼓励鼓励再鼓励。 我的孩子胆子特别小，可能很多女孩子都这样，我在家里的训练是和她一起读书，让她声音大一点，再大一点。 你可以站在床上，我坐在地下，你是老师，我是学生。这个办法对自信心的培养很有效。

青少年时期一定要鼓励孩子有自我，哪怕有自我的孩子大家都不喜欢，不要紧，孩子有自我，这一生会幸福，她拥有幸福保单，如果没有自我，就是刷不出存在感，这样的小孩会有很多的情绪在深层。在青年期，好性格的女孩子、男孩子最终不会落单，因为性格好，可能没遇到合适的人，但是遇到了就可以相处融洽，比较幸福。

我们做父母的，总想让自己的孩子快快乐乐地成长，不希望他们被负面情绪困扰。所以很多时候，当孩子产生不好的情绪时，我们会想要通过各种方法来让他们的负面情绪赶紧消除，让不开心的情况赶紧变好，甚至让孩子马上就能忘记正在经历的痛苦和挣扎。孩子发脾气了、难受了、沮丧了，孩子遇到的每一次负面情绪，我们都期望用正面的方式去鼓励他们振作起来。“没事的，这没什么大不了的，你再努力一下，不要发脾气”，我们期望给予孩子这样的鼓励后，他们的负面情绪就会彻底消失。这样做固然有作用，但是次数多了，你就会发现孩子也会慢慢产生“抗体”了，就像社会学家布琳在演讲里说的，反馈不能宽慰他人，只有连接才能宽慰他人。也就是说，安抚孩子负面情绪的更好的方法是与孩子产生共情。我们并不一定认为孩子正在发生的负面情绪是正确的，但是我们却要知道这是真实的，产生负面情绪的孩子的确是陷入黑暗中的，这个时候，孩子们需要的并不是简单的方法论的机械情绪命名，也不是转移注意力的其他提议，更加不是想要解决问题的鼓励。他们需要的就是作为父母的我们静静地陪着他们坐在黑暗里，告诉他们，我看到了你的情绪，我懂你的情绪，因为我也曾经经历过，我愿意陪你一起慢慢度过这场情绪的风暴。只有被看到的孩子，才能和我们发生共情；而只有共情，才是解决一切问题的关键。

爱他，就要培养他乐观

“性格决定命运”，乐观和悲观的性格，让孩子有截然不同的生活态度，面对同样的境遇产生不同的看法，人生境遇也会因为不同的态度发生改变。

有这样一个小故事：一位爸爸有两个儿子，一个儿子非常乐观，一个儿子非常悲观。有一天，爸爸给悲观的儿子买了很多漂亮好玩的玩具，而把乐观的儿子送进了一间堆满马粪的马房。结果，悲观的儿子泣不成声，爸爸问：“为什么有新玩具还哭？”儿子回答：“玩具会被玩坏的。”爸爸接着到马房里看看另一个儿子，发现乐观的儿子正在兴奋地掏马粪，看见爸爸，他开心地说：“爸爸，有这么多马粪，这里一定藏着小马呢！”

很多研究都已经证实，积极乐观的人往往更健康、更长寿，而且在事业上更成功。因为乐观的人大多有一种“凡事往好处看”的思维习惯，生活态度也更积极向上，这种心态可以帮助人们减轻焦虑和绝望、产生克服困难的勇气、维持良好的社会关系，等等。从某种程度上说，拥有乐观的心态本身就是一种成功。我们现在都提倡培养身心健康的孩子，乐观就代表了一种健康的心理状态，这是孩子幸福生活的关键。

还记得《美丽人生》这部电影吗？电影里的犹太人爸爸和儿子都被关进集中营，但是聪明又乐天的爸爸哄骗儿子说这只是一场游戏，奖品是一辆大坦克。在条件艰苦的集中营里，他带着儿子发现身边一点一滴有意思的小事，把握机会给妻子制造小惊喜。儿子天真、快乐地成长着，一点也没受到纳粹的恐怖影响。

有的家长问：“我自己是一个非常悲观的人，现在孩子3岁了，觉得他跟我很像，好像也遗传了我这种性格，该怎么办呢？”这可能是不少家长的困惑，或许你已经发现，有的孩子天生就是“乐天派”，有的孩子就是容易消极悲观。那悲观或乐观的心态是可以遗传的吗？乐观靠天生还是后天培养？

研究发现，这种性格特质确实是可以遗传的，但是遗传基因的影响不超过25%。心理学家们对比了在不同环境中长大、用不同教育方式培养的同卵双胞胎，得出了一个重要结论：乐观是一种思维习惯和生活态度，是可以后天培养的！

怎么样培养乐观的孩子，首先家长要乐观，家长天天焦虑，这个焦虑会传递，大家不要传递焦虑，要传递关心，40%的乐观基因是来自于家族的，我觉得乐观的情绪会传染，好父母要潜移默化言传身教。

给孩子一些生活的体验，生活的体验是孩子成长的保护因素，挫折本身是一个风险因素，但是让孩子一点一点体会挫折，有些家长老怕自己孩子吃亏，家庭教不会的学校会教，学校教不会的，社会会教。这就特别好。比如说成长中，让他替你做点事，他慢慢就知道妈妈不容易。父母特别辛苦的家庭带大的孩子，父母没有让孩子参与，孩子往往不知道感恩。感受的东西更容易理解，理解的东西更容易感受，要让孩子在生活中参与，在参与中感恩，在体验中感恩，在教育中感恩。一个懂得感恩的孩子，通常要更幸福更积极。

让孩子能够学习到感恩，行为上家长要以身作则。孩子的性格养成有这么三点，一点是习惯，习惯是一天一天来的，28天培养一个习惯，孩子先做完作业再玩，要给他玩的时间，但是一定要先做完作业，规矩养成了就好了。兴趣需要激发，外在的动力慢慢激发，时间久了就变成内在的动力。还要制定可以完成的目标，让孩子在某一个点上自信了，他整个人会慢慢生长出自信，特别是内向的孩子，一定要在某一个兴趣上出众。最后就是道德的养成，人的一生，最后发展不好只可能一个原因，就是德不配位。

幸福乐观的孩子的“一二三四”。一个中心，要乐观幸福。两个良好的基本点，家长要与孩子共同成长，你要能和他用一样的语言说话。三个接受，接受自己，接受别人，接受环境。这个很难，每个人都有自己生命中不能接受的东西，这个是需要学习的功课。四个“自”，自律、自主、自由、自信。

核心是自律。所以所有的成长的人、成功的人，在社会上发展好的人，基本上都有一个核心的品质自律，对孩子来讲就是自控力，比较小时就要开始培养，想哭的时候他哭完就问他哭得累不累，让他回到自己的感受，让他自己觉察，自己醒悟。

互动空间：

提问者 1：我想分享我孩子的一个实例。他跟我说了一句话，我平时没什么脾气，他说我是不是等到一个时候发个火了。让大家知道我是有脾气的，我都不知道怎么答复他，我想问问老师。

段鑫星：青春期的孩子有一个特点是荷尔蒙高，一定不能激惹孩子，关注而不控制，关心而不监控，在合理的情况下，要对孩子“不求不应，有求必应”，潜移默化地改善孩子这种态度，保持沟通的习惯与通道，尊重而且平等。

提问者 2：我们家儿子读高一，因为中考当中语文这一门课失误了没有进入理想的高中学习，虽然也进了市重点中学，但是没办法接受这个现实，现在非常自暴自弃，全天沉迷于网络游戏。您觉得我们应该怎么办?

段鑫星：可以对孩子进行挫折教育，首先是接受，对于一个孩子而言，接受这个结果可能比较难，所以家长要给予他一些支撑，这种支撑不是和孩子讲道理，而是一给予孩子更多的陪伴与心理支持，以及学习与生活中的帮助。

慢养孩子

杨　雄

专家介绍：杨雄，社会学博士，上海社会科学院青少年研究所所长，二级研究员。中国社会学会青年社会学专业委员会理事长、中国教育学会家庭教育专业委员会副理事长，兼任《当代青年研究》杂志社社长、总编，上海儿童发展研究中心主任，上海家庭教育研究中心主任。出版《巨变中的中国青年》《青春与性》等论著，主编《家庭教育十人谈》《为人父母》《望子成人》《读懂孩子》等书籍。

一、养育孩子是一个“陪伴”与“发现”的过程

现在很多人都很青睐有机食品、有机蔬菜，因为它们是天然的、自然生长、无污染、不反季节、符合四季成长规律的。同样的，父母教育孩子的过程，也应该是符合孩子成长规律的

“有机教育”过程，而不是拔苗助长、反季节、催熟的过程。“有机教育”意味着要守天时、顺童心、合人意，其本质是一个“守望”与“发现”的过程。需要“慢工出细活”、而不能急功近利。“有机教育”倡导维持社会共生，保护儿童多样性，反对千篇一律、整齐划一。“有机教育”提倡松紧有度，把握好教育“节奏”，致力于让孩子“完整”成长为心智成熟、人格完整的现代人。

（一）守天时、顺童心、合人意

叶圣陶先生曾说，“教育是农业，不是工业”。它的最大启发是：种田须“守天时”，教育则要“顺童心”、“合人意”。养育孩子实际上是一个“守望”与“发现”的过程。守望靠耐心，发现靠用心。作为年轻父母，要在陪伴孩子成长的过程中，逐渐地发现他在某一领域的兴趣、特性与天赋，才能因势利导、顺势而为，切忌盲从。家庭教育只能借鉴，不能完全拷贝、复制。比如，在看到别的家长带孩子学英语、绘画、奥数之后，便不顾自己孩子是否喜欢，苦逼孩子跟着学。在养育孩子的过程中，拔苗助长、超前开发是悖违儿童天性的。“天人合一”是中国古代哲学的重要命题，它要求人的行为必须顺天时、合人意，换言之要尊重客观规律。夸美纽斯在《大教学论》曾说过，人存在个体差异，教育当然不能强求一律。德国哲学家雅斯贝尔斯则强调，教育是帮助个人成为他自己，而非千篇一律；教育诉诸自然，不是人类学上的自然事实，教育是从自然中不断获得的东西成为其内容。为此，“有机教育”强调尊重儿童的天性，慢养孩子。尽管这种生命成长是有差异、个别化的。大自然分布就是这样，有长得快、有长得慢；有长成栋梁之材，有长为无名小草。正因为自然界充满各种各样的动物、植物，才构成丰富多彩的生活世界。人类社会也不例外，不可能人人都成为政治家、企业家，绝大多数将成为普通人，但我们社会就是需要由不同的岗位构成。教育若培养出像工厂生产出来的统一产品，反而会过剩，最后导致被弃用。

哈佛大学一项近期研究显示：儿童脑结构发育与其功能发展并不是完全对应的。最简单的例子是，孩子在0—15个月期间，属于语言、听力神经元突触密度最高期，但词汇量也只能达到5—15个词。但5岁以后，当这一区域的神经元突触的密度不断稀疏时，儿童每周学到的词汇量反而超过了一年的词汇量。这意味着儿童结构和能力之间没有直接的相关。很多人都曾经看过神经元突触的发育图片，刚出生的婴儿神经元突触的密度量是非常稀疏的，但到了两岁时，神经元突触达到了一生的高峰。很多早教机构都拿那张图片作为宣传：大多数孩子说话、视力、听力区域的神经元突触密度，在1岁前就达到了最高峰，掌管抽象思维、逻辑思维等高级思维区域的神经元突触密度在2—3岁时达到最高，故常对家长说“‘三岁是敏感期’不开发，你孩子一辈子就完了”。而他们却从来不向家长展示过0—10岁的儿童神经元突触密度量的连续完整图片。其实，儿童3岁以后神经元突触的密度量就开始逐渐减少，到10

岁时则呈现为一个非常稀疏的状态。

其实，儿童脑结构发育与其功能发展完全是两回事。孩子2—3岁抽象思维的神经元突触达到高峰，但此时的儿童抽象思维能力还没有发育好。这就是为何7—8岁儿童认知脑结构线稀疏了，其抽象思维反而明显增强。人类成长是分阶段性的，某些大脑功用只是配备给某个具体阶段，一旦顺利渡过了，大脑就会自动弃除这些功用，保存有用的链接。这是为了让人能够更集中精力、更加具体细致地运作生活。它的启示是：幼儿期的家庭教育，主要应培养孩子兴趣，养成良好行为习惯，而不宜对其进行以记忆、正确率为主的大脑认知强度训练。家长应该多陪伴孩子，与孩子多交流，耐心等待。因为每个孩子都是种子，只是花期不同，不要看到别人家孩子萌芽、提前怒放了，自己家的那棵还没有动静就着急。相信只要是种子，只要耐心守望，就一定会看到它发芽与成长。

(二) 养育孩子同样需要"工匠精神"

"有机教育"认为：孩子成长是一个缓慢的过程，重要的是要从小培养孩子好奇心、专注力、持久性。而慢、专、精则是"工匠精神"的关键所在，因此，"有机教育"与"工匠精神"之间有着异曲同工之妙。"工匠精神"核心是坚持"慢工细活"，推崇"精益求精"。"工匠精神"第一个特征——"慢"而细致。比如科隆大教堂，始建于1248年，直至1880年才宣告完工，耗时600多年，打造了一座完美的哥特式教堂，令人叹为观止。“工匠精神”第二特征——“专注”。德国拥有 370 万家企业，95%都是家族企业。像“螺丝大王”伍尔特，1954 年创业时才几个员工，至今已扩展至 5 万多员工。它的成功在于，自始至终坚持“专一”，其产品“螺丝”却闻名全球。工匠精神第三个特征——“匠心”，即精益求精，不浮不躁，将“百年老店”品牌维护得非常好。在瑞士日内瓦，无论是制表人，还是手工巧克力店主，他们的想法不是扩大市场占有率，将公司上市，去海外开连锁店，而是想怎么样可以使本店保持百年长盛不衰，这决不是件简单的活。

教育同样如此，切忌太急功近利，需“慢工出细活”。每一个孩子特质决定了其自身成长逻辑，需慢慢打磨培养。常识告诉我们：站在一棵幼苗面前，可以看出它旺盛的长势，却感觉不到它的成长，只有隔一段时间才会发现它的变化。另外，农业也是一个比较复杂的过程，农田里的秧苗需通过选种、培土、浇水、施肥、除草等一系列田间管理以及耐心等待，幼苗才能茁壮成长直至结出成熟的果实。这些都说明，秧苗虽小，但有它自己的成长规律和季节，次序不能被随意打乱。如果光为了追求速度，不但会破坏它的生长周期，影响灌浆、拔穗、成熟，甚至影响收成。教育也是同样的道理。如果你过多地期待、过早地开发，过度保护和过度教育，就会给孩子带来巨大的心理压力，反而不利于他的成长。

反观时下的教育，快餐式、太重事功，故较难培养出“工匠精神”。有人会说现在是“快消品时代”，工匠精神已不符合当代人即刻消费、即刻扔掉的生活方式。但与此同时，为何时下人们又越来越珍视文物、手工艺品？为何瑞士一块手表可以卖几万、几十万？为何国人常以拥有一块瑞士名表而沾沾自喜？这就是慢工出细活——“工匠精神”、“百年老店”稀缺价值、独特魅力之所在。很长一段时期来，我们的教育理念和社会流行的教育观念出现一些认识偏差，最典型的就是所谓“不输在起跑线上”这一口号。这实际上是在提前催熟孩子，过早开发孩子智力，事实上却是帮倒忙，甚至是摧残孩子，使得大多数孩子过早失去了童真、幸福与自由。

(三) 维持社会共生态，保护儿童多样性

在漫长的地球生命演化进程中，生物与生物之间的关系逐渐变得精细、复杂，往往出现需要两种生物在一起生活的现象，这种现象统称为“共生”。如大海里小鱼为鲨鱼口腔清除寄生虫的共生关系，鲨鱼不吞吃小鱼，小鱼清除寄生虫，而不咬吃鲨鱼的口腔组织，它们相互之间以依存、帮助作为“共生共存”之前提。植物界也存在类似“共生”关系，一方为另一方提供有利于生存的帮助，同时也获得对方帮助。如我国长白山地区，由乔木、灌木、草木构成，形成了和谐共生的生态圈、植物链。再如美国加州，时常发生的山火却是有利于森林植被始终保持疏密有致、合理分布的生态平衡。当人类对耐阴植物人为破坏太多，反而会导致原始森林由于气候过于干旱，容易引发连绵山火，酿致不可收拾的结果。

同理，为了适于生存，在生物进化过程中，人类大脑也保存下了无数的规则与分类，以快速有效地指导当下的行为。有个日常生活中的现象能说明问题：现在汽车普及了，但为何人坐汽车会晕车？这是因为现代人对运动的大脑感知，依然停留于早期人类对身体运动速度的适应水平，这就是高铁、观光电梯会加装减速玻璃之缘故。传统社会是一个变化缓慢的社会，许多人一辈子不用换工作。而工业社会则是一个竞争社会，影响到人的行动和组织方式。在现今开始步入后工业化社会、信息社会之后，高度的复杂性和不确定性已成为后工业化、信息社会的“两个面向”。生活在一个快速变化的社会，种种不确定、风险以及更细分工给人带来压力，使得人与人合作意愿重新增强。可以说，当代社会一个人离开了合作，几乎是寸步难行。

“有机教育”提倡社会共生论，旨在建立一种新的教育哲学。社会类似大自然生物圈，需要不同成员相互间合作、共生共存。在当下个体化的城市社会里，已很难说哪个岗位重要，哪个岗位不重要？今天热门职业，明日说不定就遭淘汰。尤其是进入后工业化时代，职业细分将导致人的等级、身份趋于淡化。未来我们还将进入“斜杠时代”（跨界合作、多身份、共享经济时代），人与人之共生关系的互补性将超过竞争性。

为此，“有机教育”反对千篇一律、整齐划一，提倡保持社会和维护生物多样性。大自然中，一棵大树绿叶不可能长得一模一样。在社会中，一个团队需要各种性格的人组成。正由于成长允许多样性，这个世界才色彩斑斓、丰富多样。

（四）把握好教育孩子的“节奏”

孔子曰，“过犹不及”。种庄稼就是如此——不除草，任其疯长，庄稼长不好；过度施肥，超过了度，庄稼吸收不了，反而不利。教育孩子同样需要张弛有度，教育的艺术就似拧自来水龙头“开关”，太松太紧都不合适，关键是把好松与紧这个“度”。教育哲学家怀特海认为：自然是活的，生命在本质上是周期性的；四季交替、劳逸结合，都是这种周期性的反映。教育必须根据这种周期性、阶段性，把握好教育的节奏与规律。“浪漫阶段”是开始领悟的阶段，覆盖儿童生活最初的12年。这一时期，尚处于直接认识事实的阶段，人的知识也不具有条理性。“精确阶段”包含了青少年在中等学校受教育的整个时期。“综合运用阶段”，则是进入大学后、踏入社会的人生展开时期。儿童不同发展阶段，教育节奏、内容都应有所区别，不能搞反了。比如在童年阶段，由于孩子抽象思维尚未充分发展，应更多运用基于“事实”的教育。

在这方面，中西方教育理念差异还是很明显。比如，在德国幼儿园的室外活动中，基本都是自由活动的形式，孩子们自由玩耍，老师只在一旁观察鼓励和启发孩子，确保孩子的安全以及维持游戏秩序。维持秩序的意思是指在孩子们发生矛盾（如争抢玩具等）时，如果孩子无法和平解决而欲诉诸武力时，老师会出面制止和调和纷争；如果有孩子不遵守规则排队，老师也会出面明确地告诉他/她不可以插队。有人纳闷，德国幼儿园那么自由散漫，没有老师的严厉管教，出来的孩子能懂得遵守规则和自律吗？可是，德国人恰恰是世界上比较遵守规则的。而中国的教育，则强调整齐划一和纪律训练。在早晨幼儿园操场，经常可以看到这样的场景：老师喊着“一二一”口令，带领排成队伍的小朋友整齐踏步走到操场。孩子们到了室外开始情不自禁地叽叽喳喳、说话嬉闹。老师忙活了半天就只干了一件事，整顿纪律，让孩子们按照要求站好队。

那么“守纪律”教育好？还是“守规则”教育好？有人说规则的建立是为了更好地服务大众，让每个人都生活在公平安全的社会里。在一个规则健全、人人遵守的环境里，每个人都是规则的受益者。而纪律的制定通常是为了让一方绝对服从另一方，不能质疑，更不能挑战。纪律与规则的区别，纪律的本质是规训与害怕，规则的本质是认同与内化。如果孩子在幼儿园学到的仅仅是遵守纪律而已，那么一旦他/她脱离那个令他/她害怕的权威环境，比如回到家，孩子害怕的因子消除了，也就感到没有必要继续遵守纪律了。这种教育模式下，容易培养不健全人格。相反地，如果孩子学到的是规则，在互相尊重与理解的基础上认同人人都应遵守的规则，那么无论他/她走到哪里，无论有没有人监督他/她，他/她都会自觉地去遵守规则，主动去维护公平和正义。

纪律与规则，也不完全是割裂、对立的，两者对童年期孩子训练都是必须的，但上述儿童习得需要循序渐进，慢慢训练的。关键是要教会孩子区分公共空间与私人空间、责任与义务、个人自由与社群秩序的关系，并通过“情境教育”让孩子慢慢体验与逐渐内化。比如，德国幼儿园通过“餐桌规则”、“收纳整理规则”、“先来后到和轮流玩规则”、“喝水规则”、“午睡规则”等“自然后果法”的实施，让孩子们懂得遵守或者违反规则会受到什么奖惩，分得清、记得牢，这对我们依据青少年思维特点、分层递进开展行为习惯训练是有启发的。

（五）无须事事“完美”，但求“完整”成长

卢梭说过，大自然希望儿童在成人以前就要像儿童的样子。如果我们打乱了这个次序，我们就会造成一些早熟的果实，而且很快就会腐烂。教育是农业而不是工业，播种下去后，需要肥料、阳光、水土，还需要“田间管理”。就像教育哲学家怀特海强调的，对儿童“科学教育、技术教育和人文教育，三者相辅相成，缺一不可”。但是，源于现代哲学之精神与躯体、思想与行动之二元对立的现代教育却割裂了三者的内在联系，或是把科学教育和技术教育对立起来，或是把两者与人文教育对立起来，导致了狭隘的专门化，是一种“最糟糕的教育”。而缺少文化、完整人格训练，没有良知，即便掌握“完美”知识也是野蛮的。用有机教育的观点表述，儿童成长无须追求满分、事事完美，而是应更多关注其人格完整、身心健康。

所谓“完美”教育，看似追求卓越，但到头来，还是追求

事功与学业成绩。时下不少家长要求孩子考试容不得半点失误，除了学习还是学习。在笔者看来，倘若一个学生从小到大、门门功课100分，那么他人格一定会有缺陷。这就容易导致知识掌握上“高均值、低标准差”；人格养成上“低均值、高标准差”现象。典型表现为那些面临中考、高考的学生，为了拿到高分，只得不停地“刷题”。这绝对不是教育的正常现象，只能说明我们的教育出了问题。

进入21世纪机器人越来越普及之信息社会，知识观业已发生重大改变。由于人对知识的掌握程度，无论是在速度和正确性上远不如电脑程序、机器人，人的优势在于“弹性”，故现在家长应该拿出未来的眼光，着重培养孩子的“人类能力”，千万别跟机器人抢饭碗。这就是为何“有机教育”格外强调“完整”教育的理由所在。什么是“完整”教育，往简单里说，就是将孩子引向有“厚度”、成为心智成熟、人格完整的现代人，正如印度克里希那穆提指出，“教育的最大任务在于产生一个完整的人，能将生活加以整体地处理”。除了知识之外，实在有更重要的东西需要学习。笔者很赞赏习近平总书记母校八一中学提出的“三品”校训——“品德好、品行优、品位高”。如果我们的学生都能具备上述“三品”，那就基本达到了完整发展的、“高均值、低标准差”的培养目标。

总之，“有机教育”不是主张播种后放手不管，任其自由成长，而强调要做好“田间管理”，该施肥时得施肥、该除虫时得除虫。这种“田间管理”，要抓根本、抓关键。有机教育不期望收获是统整与“完美”，只是希望果实是无污染、非速成、成熟“完整”的，尽管形状各异。

二、 孩子慢慢长，家长慢慢看

（一）“赢一时，输一生”的“催熟教育”

科学技术的发展，已经使肉鸡的生长速度从半年缩短到三个月、两个月、一个月，甚至更短。小鸡的飞速成长带来了高产量的鸡肉，但付出的代价是鸡肉味道的消损以及长期食用之后的健康风险。所幸的是，如今已有越来越多的人认识到被“催熟”食品的健康隐患，转而推崇散养鸡、有机蔬菜等“有机食品”。这些“有机食品”之所以广受追捧，根本原因在于它们的生长过程是自然的、缓慢的、未加人工催熟的，所以被认为是更安全和无害的。

孩子的成长过程原本也应该是一个类似的过程——有规律的、自然成长的、循序渐进的、缓慢的过程。也正是因为如此，才会有“十年树木，百年树人”的说法。孩子由咿呀学语到学富五车，由蹒跚学步到健步如飞，由幼稚懵懂到知书达礼，有其内在的、渐进的规律性。在这个过程的每一个阶段，孩子都有着不同的状态、不同的特点。家庭教育的重心在于及时发现和引导成长，而不是过分的干预和“揠苗助长”，否则就容易产生反作用。所以，《全国家庭教育指导大纲》也要求家庭教育“应尊重儿童身心发展规律”。

我国古代就很重视这种遵循成长规律的循序渐进式教育方法。比如，西周的《礼记 · 内则》记述道：“子能食食，教以右手；能言，男唯女俞。”“六年，教之数与方名。七年，男女不同席，不共食。八年，出入门户及即席饮食，必后长者，始教之让。九年教之数日。十年，出就外傅，居宿于外，学书记。”宋代司马光在《书仪》中还据此专门制定了幼儿教育的十年教学安排，即：一至三岁学习数与方名，研练书法；七岁读《孝经》、《论语》；八岁诵《尚书》；九岁诵《春秋》及诸史；十岁读《诗》、《礼》、《传》，略通大意，逐步通晓经史之学。《三字经》中也列出了教育子女有一定先后顺序：“为学者，必有初。《小学》终，至《四书》”；“《孝经》通，《四书》熟，如《六经》，始可读”；“经既明，方读子，撮其要，记其事”；“经子通，读诸史，考世系，知始终”。这些教育顺序未必完全符合现代教育的科学规律，但它反映的“循序渐进”逻辑却是符合现代教育理念的。

但在当代，不少父母的家庭教育过程并没有遵循这一规律。在现实中，一些父母也并没有像青睐“有机食品”那般对孩子实施“有机教育”。这些父母通常对儿童发展的规律性和阶段性等缺乏足够认识。在“少子化”和“独子化”的时代，父母们对子女普遍寄予很高期望，可谓“望子成龙，望女成凤”。而一句“不让孩子输在起跑线上”的广告语，也道出了很多父母的真实心声。在竞争日益激烈的当代社会，广大父母高度看重“成才成功”的结果，但对如何走向成功成才的过程与方法却无深入了解、对孩子发展的规律性也缺乏科学认识。

现实中，各种“催熟”式的家庭教育比比皆是，尤以“早期智力开发”最具代表性。越来越多的父母曾经或者正在“以爱的名义”实施着对孩子的“催熟”——就像张爱玲说的“成名要趁早，否则不痛快”。在一切求“快”的社会中，急于求成的父母们让孩子超前学习、上速成班(如不到1岁就要开始识字、学算术，刚会说话就要背唐诗、学外语等)，一些孩子学习考高分、竞赛拿大奖，成了同龄孩子中的“佼佼者”。孩子的表面“光鲜”给家长挣足了面子，可是这种人为的“催化”，让孩子小小年纪就背负着沉重的学习负担，打乱了孩子自然生长的规律，导致孩子“童年的缺失”以及长大之后的青涩、假熟、人格缺陷乃至未老先衰等问题。

在这场家庭教育的“大跃进”运动中，往往是“孩子还没学会走，就要开始跑；跑得了也要跑，跑不了，扯着蛋也得向前跨”。父母总希望孩子赢在起跑线，以为“孩子越快长大，才越幸福”；但其实，孩子的幸福，就是在孩子慢慢长大的过程中，能够“享受长大的乐趣”。而那些“输”在起跑线上的孩子，却以“输一时”的“代价”换得“赢一生”的收获。所以，我们主张广大父母顺应规律开展“有机教育”。这种“有机教育”，就是要顺童心、合人意，要遵循儿童成长的基本规律，让儿童站在最中央，因势利导、顺势而为，支持孩子、帮助孩子，让孩子自然发展，让孩子能够成为自己。

（二）顺应儿童成长规律的“有机教育”

孩子的成长与发展有其内在规律。培育孩子是一个缓慢的、自然的过程，而不是拔苗助长、反季节、催熟的过程。过早违背规律地开发孩子智力，不仅会事与愿违，甚至还会伤害孩子的心智。所以，父母要加强科学育儿知识学习，顺应儿童成长规律开展“有机教育”。

儿童发展的重要“关键期”：6个月是婴儿学习咀嚼的关键期。8—9个月是分辨大小、多少的关键期。2—3岁是学习口头语言的第一个关键期。2岁半到3岁是教孩子怎样做到有规矩的关键期。3岁是计算能力发展的关键期。3—5岁是音乐能力发展的关键期。4—5岁是学习书面语言的关键期。3—8岁是学习外国语的关键期。3岁和青少年期是培养独立性的两个关键期。4岁以前是形成形象视觉发展的关键期。5—6岁是掌握词汇的关键期。5岁左右是掌握数的概念的关键期。9—10岁是孩子行动由注重后果过渡到注重动机的关键期。幼儿阶段是观察力发展的关键期。小学一、二年级是学习习惯培养的关键期。小学三、四年级是纪律分化的关键期。小学三、四年级，初二、高二是逻辑思维发展的关键期。小学阶段是记忆力发展的关键期，是记忆的黄金时代。初中阶段是意义记忆的关键期。

1.“按照孩子的年龄对待孩子”

一要避免过早和过度的智力开发，不要“催熟”孩子。换言之，学龄前就学学龄前的内容、小学就学小学的知识、初中就学初中的知识，而不是脱离现实，让孩子过早接受不适合心智特征的知识。让孩子提前学习，也许能避免“输在起跑线上”；但违背规律的学习，最终带来的不仅是竞争中的“快慢”问题，而且是“跑偏方向”甚至“跑反方向”的问题。二是不要让孩子过早地失去快乐、自由的童年。现在许多孩子，在家里除了功课、玩具，剩下就是孤独、封闭。但人一生只有一次童年，所以父母一定要“把童年还给孩子”。父母要允许孩子多接触大自然，保留孩子的敏感力与生活热情。父母要多花些时间陪孩子一起玩耍和游戏，引导孩子在游戏中成长，在游戏中学习，在游戏中培养兴趣爱好和开发智力，在游戏中培养良好的习惯与品性。三是提倡“慢教育”和日常生活式的教育，提倡润物细无声的教育，注重启发思维与习惯培养等。

2. 变过早“碎片化知识学习”为“核心素养培养”

现代教育研究证明，任何碎片化的知识只有被理性梳理、并建构起系统化的秩序，才能显示出知识的力量。中国的孩子被大量要求记忆的碎片化知识，这只会成为大脑的沉重负担，使人成为“书呆子”“记忆棒”。在互联网时代，教育要从“工具性目标”（如考试成绩）转变为“人本性目标”，使人的情感、智力、身体、心理诸方面的潜能和素质都能通过学习得以发展。尤其是，要重视身体健康、社会情绪、文化艺术、文字沟通、学习方法与认知、数字与数学、科学与技术等核心素养的培养，以适应未来社会发展需要和个人终身发展需要。

总之，孩子的成长是一个缓慢的过程。如果过多期待、过早开发、过分保护和过度教育，只会给孩子带来巨大的心理压力，反而不利于孩子的成长。有机教育的核心不在于给孩子灌输一堆知识，而在于能够支持孩子、帮助孩子，让孩子自然地发展、完整地成长、多元化地发展，从而引导孩子成为“最好的自己”。

(三) 放下身段,做孩子的朋友

在家庭教养过程中，父母该以何种方式与子女相处呢？一些家长认为应该延续“威严的父母”的传统，维持“长幼有序”的秩序，以严于管教的方式引导孩子成长。唯有这样，孩子才能严格按照父母的要求成长为懂礼貌、勤奋好学的好孩子。但另一些新式家长则认为，过于强调“父子有亲，长幼有序”，会导致亲子温馨的家庭氛围的缺失。相反，父母应该尽可能地“多做孩子的朋友，少做孩子的家长”，用爱陪孩子一起成长。后者显然更符合有机教育的基本理念，很多研究也证实了它有利于提高亲子沟通与家庭教育的实效。所以，“做孩子的朋友”式的家庭教育方式已越来越受到年轻家长们的欢迎。那么，该如何与孩子做朋友呢?

尊重和理解孩子。(1)多理解孩子的想法和行为。孩子的心思都很简单，做一件事或者说一句话的时候根本不会考虑太多。在和孩子沟通的过程中，如果孩子有什么地方做得不好或者说话不中听，不要随意责骂甚至侮辱孩子，而要耐心询问孩子言行的缘由，并引导孩子如何正确言行。（2）多跟孩子讲道理、进行协商。除了平时的告诫之外，父母也要在实际情境中教孩子一定的道理，让孩子通过同理心体会自己的行为后果。父母可以根据孩子的年龄和接受能力来选择解说道理的方式，比如，对于幼儿可以使用讲故事的方式。此外，在与孩子意见不一致时，父母要多进行协商。比如，当孩子想要在沙发上跳而家长却有事情要思考的时候，就可以让孩子去卧室的床上跳，或者让孩子等一会再跳。（3）不要把自己的观点强加在孩子身上。很多父母在与孩子交流时，经常喜欢说：你马上去把作业做完，不然会怎么样；这次考试不考到 100 分，就别想去玩；不要过来烦我，滚一边去玩……很多父母喜欢把自己的观点强加给孩子，用命令的方式去对待孩子，久而久之孩子会觉得做任何事情都要看父母的脸色。（4）要给孩子留足面子。父母在批评孩子时，不要无休止地数落孩子，不要总把陈年往事拿来指责孩子。而且，父母不要当着外人的面打骂或训斥孩子，不要当着别人的面唠叨孩子曾经说过的话或做过的事，使孩子感到难堪。

放下姿态与孩子沟通。（1）不要总摆大人的架子。有些父母总喜欢在孩子面前保持威严，习惯用以上对下的态度来对待孩子，但教育效果往往并不好。父母应尽可能避免使用一些如“应该”“不要”等命令式的词语，而要将孩子当作成人一样给予尊重、在态度上以朋友相待，这样才能更好地与孩子沟通。

(2)允许孩子适当犯错。由于生理和心理的不成熟，孩子们总难免会偶尔犯错。在孩子犯错之后，父母一定保持冷静的头脑，切忌不分青红皂白地生气发火或指责打骂，而是要认真聆听孩子的想法，在此基础上可以就事论事地指出孩子的错误，并给出如何避免类似错误的建议。(3)给孩子更多的自由空间。只有经历才会让孩子真正成长，任何说教都比不上让孩子自己亲身体验更有感悟。即使是经历失败了，父母只需给予孩子拥抱、安慰和开导即可。不过，对于完全不听从父母意见的孩子，也可以在保证安全和没有恶劣后果的前提下，不时地让孩子自己尝试"自食恶果"的滋味，从而以痛苦的教训换来孩子的成长。

多多陪伴孩子。(1)坚持每天抽空和孩子聊天。父母应该每天都要抽出一些时间来与孩子交流，比如让孩子讲讲在学校的事情、和同学们发生的小故事或者和孩子八卦一下。如果孩子乐意与父母一起分享各种喜怒哀乐，那就说明孩子真正愿意和父母做好朋友了。父母也可以和孩子谈谈自己的事情，并认真地听取孩子的建议。这不仅可以随时掌握孩子的思想动态，还可以培养孩子的思维和语言表达能力。(2)了解孩子的喜好，增加亲子共同语言。父母需要花些时间了解孩子的喜好，比如歌星、青少年偶像、新电脑游戏、流行的音乐，这既可以增加亲子之间的共同话题，也可以告诉孩子"父母在乎孩子"。(3)积极参与孩子的业余爱好活动。父母可以积极参与到孩子业余爱好活动中来，比如陪孩子玩喜欢的游戏或运动(如篮球、足球、羽毛球），这可以增进亲子的感情。尤其是在孩子小的时候，父母不要总是忙自己的，或者拿着手机、对着电脑自己玩，要多抽时间和孩子互动，这样会拉近父母与孩子之间的距离。

（四）"亲子朋友"有别于"普通朋友"

"做孩子的朋友"对于营造温馨和谐的亲子关系和提高家庭教育的实际成效具有重要作用，但一些家长却因此完全丧失了父母的威性，亲子界限变得模糊不清，而只是一味地满足孩子的愿望和要求，从而陷入了"孩子管教不得"、"对孩子没要求"甚至"孩子说了算"的误区，也会给孩子成长带来很多不利影响。归根结底，亲子之间的朋友关系是有别于普通的朋友关系的。

"做孩子的朋友"不等于"不管教"。一些家长以为，"做孩子的朋友"就是"不要管教孩子"。一些家长对孩子以朋友相待，养育孩子从不说重话、对孩子的批评总是轻描淡写，让孩子滋生飘飘然、自以为是的感觉，不再将父母"当回事"，让孩子"错后不知错，错后不改错"。等到孩子出现特别需要管教的行为问题时，父母的权威已经荡然无存，已经完全无法有效教导孩子了。这当然不是"做孩子的朋友"教育理念的真实目的。所以，父母与孩子之间的"朋友关系"有别于普通的"朋友关系"。在孩子小时候犯错时，朋友没有义务指出孩子的错误，但父母有这种义务和责任。在孩子犯错时，父母需要给予及时的管教和疏导，防止孩子越跑越偏。

“做孩子的朋友”不等于“没要求”。另一个潜在的问题是：跟孩子之间的“朋友关系”很容易让父母失去了对孩子进行“高要求”的底气。有的父母从小就让孩子培养各种兴趣爱好，但有的时候孩子偶尔厌倦了、退缩了，父母也随着“孩子开心就好”的态度，让孩子前功尽弃。但也有些父母会在允许孩子暂时的放纵之后耐心引导孩子继续坚持，并终有所成。父母拥有比孩子更多的知识、经验和能力，应该将“指方向”和“拉一把”的工作做到位，尤其是，在孩子遇到暂时的困难后不要轻易让孩子选择放弃。所以，父母与孩子的“朋友关系”有别于普通朋友关系的另一个方面是：父母多对孩子有所期待，而对普通朋友却很难有这种稳定的期待(换言之，普通朋友并没有义务来配合我们对朋友的角色期待)。由此可见，父母与孩子“做朋友”不仅意味着亲子之间的地位平等和关系亲密，而且也意味着父母对孩子有持续稳定的“高要求”和对孩子行为有持续稳定的“高支持”。

“做孩子的朋友”不等于“孩子说了算”。“做孩子的朋友”的另一个误解是“让孩子什么都自己说了算”。父母应该为孩子提供选择和成长的空间，但绝不是完全“孩子说了算”。孩子的心智成熟程度不高，在做选择时可能更多地依赖于新鲜感或当下的心情等情绪性依据，而相对缺乏理性和周全的思考。比如，在让孩子选择哪个兴趣班时，孩子可能会选择老师打扮时尚的兴趣班，而不愿意选择老师年纪大但经验丰富的兴趣班。面对这样的情况时，父母们可以参考孩子的意见，但不能完全把选择权交给孩子。由此可见，父母与孩子之间的“朋友关系”的另一个特殊性在于：父母要帮孩子把关，但普通朋友没有这一义务。归根结底，父母与孩子之间是血脉相连的亲情关系，亲子之间可以成为“好朋友”，但同时又高于“朋友关系”。

解读青春期的密码

杨咏梅

专家介绍：杨咏梅，《中国教育报·家庭教育周刊》主编，中国家庭教育传媒联盟秘书长，中国家庭教育学会理事。主持中国教育学会家庭教育知识传播激励计划优秀案例评选，担任《2015 家庭教育蓝皮书》《2016 家庭教育蓝皮书》副主编。

如果把抚养孩子长大成比作一场长跑，途中会遇到许多困难和障碍。重重障碍中，青春期的叛逆也许是长跑路上的一座高山。青春期也被称做风暴期，因为这个阶段孩子会变得跟我们之前熟悉的乖孩子完全不一样。

有学者这样定义青春期的叛逆：“青少年正处于心理的过渡期，其独立意识和自我意识日益增强，迫切希望摆脱成人（尤其是父母)的监护。他们反对父母把自己当小孩，而以成人自居。为了表现自己的‘非凡’，他们也就对任何事物都倾向于批判的态度。”

大家应该都有在高速路上开车的经历，漆黑的夜里在高速路上开车，暴风雨来袭，风雨交加，雷电大作，雨刷器开到最大一档也完全看不清前面的路况，这时你能停下吗？不能！能退回去吗？不能！能加速快点离开这个令人胆战心惊的路段吗？也不能！这个时候我们能做的，只能是放慢车速，更加警醒地左右观望，并坚信再往前开一段，一定会有出口。

这种在高速路上的经历，很像孩子进入青春期时父母的心态，没法停，也退不回去，甚至不知道下面一个出口在哪，但是请坚信，这只是人生的一个阶段，一定会过去的。

我今天想从三个角度跟大家分享，第一要知道我们的孩子怎么了，第二他们未来的工作环境、竞争对手是谁，我们要给孩子一个什么样的核心竞争力，第三就是我们能做什么，父母在这个时候应该提供一些什么样的支持。

孩子怎么了?

每个孩子的叛逆期或许表现不太一样，但会有一些共性，比如从十二三岁开始，不管男孩女孩，不管以前多么温顺听话，到这时都会像变了一个人，对一切都表现出一种抵抗、叛逆的情绪，尤其是对家长。“不听话”“学习没精神”“做事不积极”“回到家里拼命地玩游戏”“讲道理不管用”“油盐不进”……在我们看来还没长大的孩子，常常会事事觉得自己有理，处处和大人对着干，就是不服管，就是不听话，这就是叛逆期的表现。

很多父母对叛逆期有成见，却不知道孩子的叛逆通常是伴随着孩子的青春期而来的。孩子此时的视野和见识变得更加宽阔，他发现自己从书本上学到的内容和眼里看到的社会不完全相符，他开始尝试按照自己的方式去理解这个世界，于是可能出现一些大人眼中看起来比较“反动”的言行，有的大人会烦恼，有的会“镇压”；有的孩子可能无奈接受，更多的孩子会和父母产生冲突。

一般来说，女孩比男孩稍微早熟一点，所以养育女儿的家庭更早发生亲子冲突，女儿往往先跟妈妈产生冲突。父母一味地“镇压”，会让孩子觉得：我的人生不由自己决定！我的要求必须合理才行！在现实面前我如此渺小！当孩子感受到人生不由自己决定的时候，他或许会抱怨环境不好，感到自己受到了不公平的待遇，受到了委屈。

如果孩子被一再要求所有行为必须合理才行，以后他在机遇面前首先考虑的可能不是自己是否需要，而是看困难有多大。当他遇到困难的时候，他可能会认为自己是渺小的、会变得没有自信。如果他遇事习惯于愿意听从别人的安排，而不是自己主动承担责任，潜移默化地，孩子在成长过程中会逐渐丧失自信。所以叛逆期的孩子尤其需要父母正确对待，不能一味否定。

每个孩子的青春期，就相当于给每个家庭提供了一份家庭教育质量的强制体检报告。就像一个人被诊断得了大病，并非得病前一天有不好的行为，而可能是日积月累的不良生活习惯或行为习惯导致的。很多家庭之所以到了孩子青春期的时候鸡飞狗跳，甚至孩子出现厌学、网瘾、情绪障碍等问题，其实是之前整个家庭的秩序、角色、功能等各方面累积了问题，到了青春期集中爆发了出来。

从某种程度说，危机就是转机，青春期也可以成为整个家庭和每个家庭成员重新成长的一个契机。不管父母是否愿意，整个家庭都会和孩子一起同频共振。这个阶段是孩子的精神学步期，最需要的是家长精神上的支持和关注。孩子一两岁的时候是在学走路，到了青春期时他要从小孩变成大人，这个变化不是一步实现的，要逐渐实现精神上的独立。这个过程中是有密码的，父母如果能清晰解读这个密码，在青春期陪伴孩子就不是一个忍受的过程，而是一个享受的过程。

家长都希望自己的孩子成为“三好学生”，但学校评比颁奖的“三好学生”毕竟数量有限，有些孩子上了12年学都与“三好生”无缘。事实上，每个家长都有可能把自己的孩子培养成三好学生，因为真正的“三好生”意味着身体好、性格好、生活习惯好。

我们不妨来做一个小测试，假如现在上帝给了我们的孩子一个礼物，我们张开手就能拿到，请伸出拳头问自己几个问题，每一条能做到就张开一个手指：第一，孩子的饮食质量怎么样？睡眠时间够不够？孩子在课堂上注意力不集中，或许不是不爱学习，有可能是没吃早餐或者早餐质量太次，提供的热量不够支撑到第四节课。第二，孩子有没有生活自理能力，能否按照他的年龄相应的能力承担一些家务劳动？家务劳动带给孩子的帮助比上课外班更多。第三，有没有每天阅读的习惯？有没有足够的阅读量？有阅读习惯，意味着每天都会读，就像刷牙一样每天都要做。第四，有没有一个能够伴随他一生，让他热爱并且享受的运动项目？第五，有没有好朋友？女孩子要有闺蜜、男孩子有几个好哥们，一起长大，可以在一起聊心事。如果你的孩子这 5 条都在 70 分以上，恭喜你，你养育了一个很不错的孩子。

有些家长只关注孩子的学习，常常用一句带毒的话在养育孩子，这句话就是“你只要好好学习就行了，其他都不用管”。这样的教育观养育出来的孩子，除了读书之外，什么都不会干，什么都不愿干，人生可能幸福吗？

孩子到了青春期，身体和心理发展都发生了巨大变化。他们时常处于矛盾中，争取权益时说自己长大了，要过“光棍节”，但让他承担责任时又会说“人家还是宝宝呢”，要过六一节。这个阶段孩子的情绪非常多变，解读青春期的密码是美国心理学家埃里克森提出的“自我同一性”，即“探寻自己和他人的差别、认识自身，明确自己更适合哪种社会角色”。也就是说，在父母仍旧关注孩子的学业成绩、考试和排名时，孩子开始关注的却是“我是谁”，“我要成为什么样的人”。

请在座的家长回忆一下，你们今天所从事的工作是你多大时的理想？ 刚上初中时老师往往会布置一个作文题叫《我的理想》，很多孩子不知道自己未来要做什么。 我是初一上学期写这篇作文的，我的理想是要当老师。 尽管后来我发现自己并没有当老师的先天条件，比如一连讲四节语文课后声音会哑掉，但现在回过头想，那一天应该就是我的自我同一性达成的关键点，尽管我写下未来目标的时候，似乎并不清楚自己的特点——有爱心，喜欢跟人打交道，喜欢分享，这些特点在我目前的职业当中继续发挥作用。 就是那一刹那，我明白了“我是谁”，“我要成为什么样的人”。

如何解读孩子的叛逆？ 对青春期有所预备的家长会想“这一天终于来了”！ 其实，叛逆是好的开始，是绝大部分孩子这个阶段该有的样子。 如果这时孩子过于乖，过于“懂事”，一点儿也不叛逆，家长反而要格外注意。 有些家长说我们家孩子没有叛逆的表现，风平浪静就过来了。 青春期不叛逆或者跟父母没有冲突的孩子一般是两种情况——父母原来就很民主，给孩子的自由空间本来就很大，孩子想要的尊重、和谐的家庭氛围、通畅的亲子沟通都有，他的叛逆程度就没必要那么强烈，这样的家庭是极少数；而绝大部分被父母感觉不叛逆的孩子是被压住了，如果父母特别强势，孩子根本没有能量表现他的叛逆。

家长要知道，青春期孩子最关注的不再只是成绩，而是

“我是谁”，地球上有60多亿人，“我的独特性是什么”，“未来的我会是什么样”。

加拿大心理学家加西亚把自我同一性分成了四种状态。第一种状态叫自我同一性扩散，孩子不知道自己的理想是什么，你问他“想上什么大学，想做什么工作”，他往往说“我不知道”。第二种状态叫自我同一性延缓，孩子在寻找，在找自己擅长的方向，比如“我想当医生或者野生动物摄影师，但是还不确定”。第三种状态叫自我同一性早闭，有点像是妈宝，爸爸妈妈说了算，比如“我以后要学航天，因为我父母都是航天系统的”，“我以后肯定会当老师，因为我们家三代都是教师”，其实不是孩子的自主选择，是大人替他做了选择。第四种状态是自我同一性达成，孩子要做的事情是他喜欢、擅长、享受的，比如“我喜欢画画，以后我要当服装设计师”。

从孩子五、六年级到大学毕业这个阶段，自我同一性的四种状态都可能有，总的趋势是延缓和达成越来越多、扩散和早闭越来越少。

今天的孩子得到的物质条件过于丰厚，所以普遍晚熟。有很多孩子读了硕士读博士，并非因为特别爱读书，不少是因为不知道自己要做什么，用继续念学位来推迟和逃避进入社会的时间，有的甚至硕士博士毕业都不知道自己要成为什么样的人。所以，父母要关注孩子的兴趣，放手让孩子去探索自己的天赋优势。

为什么会这样？

心理学研究认为，自我同一性的每种状态都与父母的教养方式有关。

如果孩子高考填志愿时不知道如何选择自己想去的城市、想学的专业，甚至大学毕业了还不知道自己要什么，不清楚自己要成为什么样的人，有的孩子会用逃避和冷漠来掩饰自己，这样的表现或许跟父母的冷漠、不关心有关。

同一性延缓是孩子思考的过程，处于这个状态的孩子，父母往往给了较多的自由空间和鼓励。大部分的孩子这个阶段的目标会变来变去，今天要当歌星，明天想研究人工智能，都是正常的。不管孩子想做什么，家长都不要简单否定他，可以问问为什么喜欢这个职业，这个职业会给孩子带来什么快乐，能发挥孩子的什么特长等。

叛逆是同一性延缓状态的典型标志，孩子需要不断尝试和探索各种可能性，在尝试中发展自主意识，也经历自我怀疑、混乱和冲动。叛逆期的一个重要特征就是对权威说不，一开始要反抗的权威就是原来非常崇拜的父母。一般情况下，儿子跟爸爸、女儿跟妈妈的冲突比较多。而青春期前期的叛逆越多，孩子越容易在青春后期建立同一性。

有研究发现，孩子对父母、老师的崇拜到 10 岁时达到峰值，10 岁以后开始觉得父母没有那么了不起、老师没有那么伟大，到了十四五岁就开始启动“嫌弃模式”，就像美国作家马克·吐温说，“14 岁时我觉得父母非常愚蠢”。孩子叛逆的表现之一就是对曾经的权威说“不”，“我的事情我作主”，“我的发型、衣服、朋友都是我说了算”。孩子练习说“不”，练习表达对权威的不认可，需要找一个练习的“沙袋”，父母中跟孩子关系最好的那个就成了他的“沙袋”。一般来说，女孩子的情绪比较外显一些，更愿意把情绪表达出来，所以青春期情绪问题更多出现在男孩身上。中国教育科学研究院的全国初中生家庭教育状况调查也显示，男孩从小学到初中都面临更多的教育困境。大多数男孩不擅表达，如果爸爸参与家庭教育不足的话，他们的心里话不知道和谁去说。

特别要警惕的是自我同一性早闭，要警惕孩子过于“乖”，警惕用父母的好恶代替孩子的理想和探索。自我同一性早闭的孩子往往是父母比较强势，其中最可怜的是孩子被父母安排的专业方向和他的天赋优势相反，比如感性丰富、善于人际交往的孩子被父母“逼”着学理科，由于理性思维能力不够强，到了 40 岁左右很容易遭遇职业发展的瓶颈，甚至遭遇职业断崖。

在今天这个强竞争压力的社会，父母自己的教育理想怎么跟孩子的天赋优势结合，是一个课题。想象一下，如果咱们的孩子是苹果，他的自我同一性达成就是让自己尽可能甜、特别甜；如果咱们的孩子是柠檬，他的使命就是让自己尽可能酸、特别酸，这才是苹果和柠檬各自成为最好的自己。但困难在于，一来父母可能不了解自己的孩子是苹果还是柠檬，二来很难容忍自己的孩子在苹果“行情”好、似乎别的孩子都很“甜”的情况下保持酸、使劲酸。如果父母强势地用自己的人生经验安排孩子的人生、替孩子选择，孩子就有可能成为比较被动、依赖性较强，缺乏主见、容易盲从、服从权威，遇到挫折时容易丧失目标和信心，应对挑战能力相对较差的人，因为他在青春期的时候没有得到自我探索的机会，自我同一性早闭了。所以孩子过于听话、过于乖、过于懂事，家长反而要警醒。

青春期的孩子不知道自己未来要做什么，父母不要着急，可以经常跟孩子聊一聊学习之外的话题，轻轻松松、不带目的、不预设题目地聊聊天，即使孩子说自己以后要去非洲探险或者想当流浪汉，即使孩子说我什么都不干会收房租就行，也别急着评判。在日常生活中慢慢观察他擅长什么、不喜欢做什么，用做减法的方式帮他寻找人生定位。最重要的是，父母要觉察孩子处于自我同一性的哪个阶段，是达成、延缓、扩散还是早闭，由此反思我们的教养方式应该做什么样的调整。

所有的爱都以拥有为目的，唯有父母的爱是以放手为目的。家庭教育应该着眼于把孩子培养成“身体好、生活习惯好、性格好”的三好学生，当他长到18岁时我们才放心把他送出去，相信他进入职场和婚姻后可以胜任工作要求、会处理亲密关系，因为他有生活自理能力、有阅读习惯和阅读能力、有自己擅长并乐在其中的运动项目、有可以倾诉知心话的好朋友……

处于自我同一性扩散和早闭状态的孩子，父母要反思自己是不是比较多地使用了心理控制，比如“你怎么这么不听话”、“我都是为了你好”、“你这样的成绩对得起谁”等口头语，表达的就是心理控制。父母控制有两种，一个是行为控制，明确哪些事情不可以做，是非常必要的，尤其在10岁之前，要给孩子的行为立规矩。但心理控制会引起孩子的消极情绪，如果父母经常这样跟孩子说话，孩子即使好好学习、守规矩、懂事，他服从的是人而不是规则，当父母或者外公外婆的要求不一致时，孩子就会“钻空子”。孩子应该服从的是规则，是家人一致认可的家规。有规则意识的孩子，将来在社会上就不会处处碰壁。用心理控制教养孩子，不但会引发孩子的消极情绪，导致违纪、攻击等问题行为，甚至与自伤、自杀等危险行为有关系。

用未来的视角引导孩子

今天，我们养育孩子还要有一个来自未来的视角，不能只盯着孩子眼前的考试成绩。等孩子以后进入职场的时候，据估计，发达国家有57%的就业机会、发展中国家有77%的就业机会将会被人工智能取代，机器人甚至会进入金融、医疗等传统商业系统，代替财务分析、健康咨询等高级人才的职位。近几年世界500强企业的招聘启事发生了奇妙的变化，原来我们熟悉的招聘广告，会明确要求学历、计算机、英语水平等条件，但现在很多企业招聘人才的要求是有好奇心、创新意识、合作能力、批判性思维等，这些能力似乎学校不教、高考不考，怎么办？ 所以我们要从未来反过来看今天，思考怎样教育我们的孩子，因为他们将来立足于社会的竞争力变了。

我在孩子青春期的时候，也曾经用力过猛、情绪焦虑，亲子关系一度非常紧张。 这可能也是好多初中生家长的共同特点，担心我们一旦不管，孩子就会失控，就没前途了。

但是在孩子上高中后我转变了想法，我知道焦虑、抱怨是有能量的，是负能量，抱怨其实是诅咒，父母越焦虑，孩子的状态越不好。 父母和孩子是共同完成一个目标，这个目标里面父母有父母的责任，孩子有孩子的责任，当父母过于焦虑、抱怨、纠结的时候，孩子的感受是不被信任、不被肯定、不被欣赏，甚至会沮丧、伤心、失望。 当我把焦虑调整成对孩子的接纳和祝福时，孩子的状态就逐渐好转，高考时发挥出她自己 12 年最好的水平。

请相信孩子内心深处都有往前走的力量，他对知识的好奇心和学习的创造性是与生俱来的，不管目前的表现是否让你满意，都请记住这已经是孩子能够表现出来的最好状态。 请相信想成为优秀和卓越是人的本能，学习本身也是人的本能，上帝创造每个人的时候，上进、自律、勤勉、好奇、创新、合作等“原装正版程序”是一次给足的，父母要做的是不扰乱这些程序，鼓励孩子发挥出他的天赋。 正如教育学家约翰·杜威所说的：“人类本质里最深远的驱策力就是希望具有重要性，希望被赞美”。智慧的父母赞美肯定孩子，不用消极评价拉孩子的后腿。语言具有催眠的作用，父母就是催眠师，如果把孩子往好的方向催眠，孩子就会发展得越来越好。

但是大多数家长是怎么做的呢？孩子放学回到家，家长开口问的第一句话好像是培训过的——作业写了吗？考试了吗？考了多少分？学习的确很重要，但学习、作业、考试并不是孩子成长的全部。如果父母只盯着孩子的学习，就像和孩子一起抬一桶水，学习这个桶不知不觉就慢慢滑到你这边来，学习慢慢地就成了家长的事。尽管孩子的身体坐在写字台前面，但心里他想的却是为爸妈学习。最可怜的孩子，是考上重点大学后把录取通知书往家长前面一放：“这是给您考的大学，我想学画画，我要复读考美术学院。”

我女儿上初中时，我也曾经不停地碎碎念，看不惯她学习的时候开着电脑、听着音乐，不停地进去干扰和控制。结果反而特别糟糕，我越用力，学习这件事情越变成我的事，女儿差一点没考上普高。这个教训让我反思，孩子不是创造性地进步就是创造性地退步，我的方法肯定错了，于是我对自己说，孩子考上什么样的学校都是她的选择，我都能接受。于是我回归到一个妈妈最简单的任务，操心的就是她晚上 11 点前必须睡觉，三餐饭尤其是早餐要好好吃，每天必须做家务劳动……当我把学校的责任还给学校，只负责她将来离开家成为社会人必须具备的素养，学习这个水桶我就不跟她分担了。

高中三年，考多少分、上哪个大学、选什么专业不再成为我们交流的高频词。我每天早晨 6 点起来给孩子做一桌丰盛的“国王的早餐”，保证她心情愉悦地开启新的一天、精力充沛地面对繁重的学习压力。我要求她 11 点前必须睡觉，不在乎她在书桌前面耗多长时间，希望她合理安排时间、提高作业质量和效率。我认为用熬夜拼身体换取高考增加几分不值得，要求她一直坚持做家务。这些看起来是反其道而行的办法，因为重心从考试成绩转移到非智力因素的培养，孩子高考时反而考出了自己的最好成绩。

孩子就像一个 24 小时不关机、360 度无死角的雷达，天然地善于观言察色，能敏感地解读父母心中真实的想法，比谁都懂你的心。每个孩子都想实现父母的愿望，父母经常跟他说的那些话就是他们的愿望。如果父母经常说“我相信你是带着使命来的，也许你成绩不是很优秀，但是你身上的天赋一能让你成为一个幸福的人”，孩子以后往往会过得很幸福；但是如果父母老跟孩子说“你怎么这么没有出息”，慢慢地他就会成为没有出息的人。所以，父母千万要注意谨慎口舌，因为语言是有能量的。

我们再来做一个练习，假如上帝无条件满足我们为孩子许的三个愿望，你会怎么许愿呢?

健康，正直，善良，宽容，豁达，有责任心，平安，自信，快乐，敬天爱人，做自己喜欢的事，成为最好的自己，让世界变得更美好……从南到北，城市乡村，几乎所有的父母都要的是这些，而不是孩子考上重点大学、期末考试门门 100 分！因为父母其实都知道，我们最想要的是孩子人生的幸福。这个练习能帮我们关注到自己养育孩子的儿童观、教育观和成才观。就像一棵树，孩子将来的学历、收入、社会地位是枝叶，家庭教育要做的就是帮孩子扎根，根深才能枝繁叶茂。

做家长的要准备好回答孩子的一个问题，就是“我为什么要好好学习”，这个问题他早晚会问的，你准备怎么回答，就关系到你的价值观扎根在哪里。

就像同样在建筑工地打工的三个人，被问同一个问题“师傅你在做什么”。第一个人可能会说：“没办法啊，为了养家糊口，又没读过书，不卖苦力怎么办？”这个人可能 10 年之后还在原地踏步。第二个人可能面带笑容自豪地说：“给我儿子攒学费啊，我儿子可有出息了，每次考试都是前几名！”目的不一样，动力就不一样。第三个人可能会说：“我在建设一个美丽的城市，我在发挥自己的特长。”三个人拿的工资可能差不多，但从同样的劳动中获得的幸福感肯定不一样，心理能量和给自己创造的发展机会显然也不一样。

当你的孩子问你“我为什么要好好学习”时，我没有标准答案告诉大家，只想把我的同事对我的启发分享给大家。同事的儿子是考清华大学的苗子，高二时突然迷上了网页设计，整整一个学期没心思学习，班主任急了、教务主任急了、校长急了，说这么玩下去，还想不想考清华大学了？相信很少有家长能沉得住气，但是我的同事是这么回答的：“我当然希望孩子上北大、清华，但是他可以有一次就考上的体验，也可以有考不上或者考很多次才考上的体验，他现在找到了自己感兴趣的事情并且愿意坚持，我支持孩子。”这就是真的懂教育，他知道孩子的自我同一性达成，比看得见的成绩更重要。后来他儿子果然是没考上清华大学，高中毕业以后出国学习游戏设计，回国后选择了自己喜欢而且擅长的工作，进步特别快，而且很开心。

不管是中考还是高考，保持适度紧张就好。家庭成员各司其职，家庭生活保持常态，家庭生活正常运转，每个家庭角色都安稳喜乐。当然，爱孩子不是不管教孩子，而是在爱中管教、用爱管教。对青春期孩子而言，管教的诀窍是“买一送三”，任何一次批评、建议之前，先“附赠”三句表达接纳、肯定、认同、鼓励等赞美，孩子会比较容易接受批评。

青春期是充满激情的阶段，蕴含着各种各样的可能性。父母要相信孩子的“向光性”，别用自己有限的见识去限制孩子无限的可能性。既要把孩子作为一个独立的权利主体来尊重，“己所不欲，勿施于人”，又要尊重孩子到了青春期的自主意识，“己所甚欲，慎施于人”，原来习惯说的“为了你好、你要听话”会招致孩子的反感，父母要学会放手，做守望者，在边界、规矩、安全绳之内，给孩子自由探索的空间。

青春期的父母一定要有远见，既然目标是为了孩子幸福，就要清楚怎样让孩子获得幸福的能力。最简单的，就是父母相亲相爱，营造温暖平和的家庭氛围，了解孩子的优势，尊重孩子的个性，帮助他成为最好的自己。

父母和孩子一同成长

康丽颖

专家介绍：康丽颖，首都师范大学家庭教育研究中心主任，首都师范大学教育学院教育基本理论研究所所长，教授，博士生导师。中国家庭教育专业委员会常务理事，北京市家庭教育研究会副会长。曾在《教育研究》、《中国教育学刊》发表学术论文多篇。先后主持10多项省部级科研课题，主编多部著作。曾获得第三届全国教育科学研究优秀成果一等奖1项，国家级教学成果一等奖一项，二等奖一项。

把一个孩子带到人世间也许并不难，但是要把他（她）健康地养大却实属不容易。现代的父母有太多的角色要扮演，抚养、监护、培育和教导样样都不能少。父母可能尽心竭力地抚养，却不能如期收获孩子的成长，这让很多父母为此忧虑。

产生各种忧虑的原因是什么？是因为家长一直在间歇性地关注孩子，而缺乏一个持久而深入的理解。孩子有问题，就关注得多一些，没有明显的问题，便关注得少一点。对孩子的教育，缺乏一个宏观的掌控，对于该做什么，不该做什么，做得够不够，自己心里也没底。因此，对孩子未来的发展走向，就缺少了一份确信。不确信，就会慌张。我们不禁要扪心自问：您理解孩子的发展吗？您给孩子提供的是他所需要的帮助吗？

在家庭教育中，我们如何理解儿童的发展，理解儿童的发展包括身体、心理和社会性发展。在理解的基础上，父母亲也要不断地学习、思考、反思，和儿童在一起成长的过程中教育好自己的孩子，同时也实现个人的发展。

随着社会的进步，我们对养育儿女是越来越重视。如果说在很长的一段历史时间内，我们很多的家长是通过家族或者家庭个体经验传承的方式，自发地开展家庭教育的话，那么进入了21世纪，越来越多的家长是希望能够通过学习获得专业化的支持，能够自觉地、理性地借助一些专业化的知识和方法开展家庭教育，这是我们共同的诉求。

今天从三个方面给大家介绍一下父母与孩子共同成长的问题：

1. 直面“问题”和孩子的困惑；

2. 理解儿童发展的多重视角；

3. 请相信优秀是教育出来的。

2016年首都师范大学成立家庭教育研究中心的时候，我女儿在欧洲读博士。我跟她说：“妈妈要做系统的家庭教育研究，你有什么想法？”她说太应该了。于是我又进一步追问：“那你觉得我这个妈妈当得怎么样”，她想了一会儿说：“在我10岁之前你做得一般”。我说什么意思？她说：“你陪我的时间不是很多，而且我感觉你在赶日子，不在过日子。”我一想是那个样子，因为那个时候工作压力非常大。

我说什么时候妈妈做得好了一些呢？她说：“10岁之后，你非常棒，情绪和生活都平衡了。我情绪不淡定的时候，你是我的支撑点。在我焦虑的时候，你总是说我特别理解你。”尤其是高三，她说：“妈妈我真是把你折磨坏了。”女儿坦诚地告诉我，那时自己忙着画画，又不用功，还想要好成绩。结果每次考不好，就会以泪洗面，给人一种痛不欲生的感觉。其实作为妈妈，当时我也是蛮纠结的，我不停地告诉自己要学会共情，要理解她，从她的角度考虑问题。那时我说得最多的话是，“没关系，我特别理解你”。她2011年参加高考，5年后，她告诉我，那个时候我给了她很多支持和信心。她还说，在生活上我对她的照顾也很全面。

说到照顾我觉得自己做得并不是很好，女儿从12岁开始，我就让她洗衣服，整理房间，学习做饭。她现在的生活能力非常强，她觉得童年的锻炼让她变得从容自信。现在回想，如果我能够系统学习家庭教育理论和方法，也许就会在她10岁之前少犯一些错，每位家长开展家庭教育时都需要专业化的指导、引导和服务。

俯下身来，直面“困惑”

在家庭教育中，我们究竟会遇到哪些问题？或许有些问题其实还真不一定是问题。

前不久我参加了一个论坛，有一个老师跟我讲了一个例子。她常年在幼儿园做学前教育的研究，一个大班孩子的爸爸告诉老师自己很苦恼，孩子在幼儿园总是被欺负。父亲拜托老师一定要多关心关心自己的儿子，他觉得儿子太可怜了。

在幼儿园，这位老师看到一个特别可爱的小男孩，当老师问起他与小朋友相处得怎么样时，孩子说挺好的。老师接着问有小朋友欺负你吗？孩子说没有人欺负我，小朋友都喜欢我。这个孩子的社会性发展得非常好，他知道如何跟人相处，在幼儿园朋友特别多，无论男孩子、女孩子、大孩子和小孩子都喜欢他，还有老师有什么事儿也愿意把任务交给这个小男孩。这个孩子发展的空间非常大，他发展的机会也多，因为他自己的个性品质造成了他能够吸引一群孩子围在身边，就是我们说的气场。

还有一个孩子是我朋友的孩子，她妈妈喜欢艺术，就经常带孩子去美术馆。有一次美术馆举办一个著名画家的全球巡展，她把儿子带过去了。母亲说，只要自己手稍微一松孩子就跑没影了。母亲得不停地去抓孩子回来，妈妈非常愤怒地对孩子说：“你也喜欢画画，为什么领你看的时候，你就跑了？”母亲与我抱怨的时候，我说您蹲下来，看一下孩子看到的是什么。其实孩子看到的是成年人的腿，他看不到画，视野被挡住了。我们带孩子去看世界的时候，你有没有注意到孩子的视野，他和成人不在一个视域。所以在跟孩子沟通的时候，我们俯身下来，跟孩子在一个视野内，你才能理解孩子看到了什么。我们要意识到，孩子由于身体、心理、知识发展的积累和成人不一样，他们有可能看不到成人能看到的世界，这不是孩子的问题。

我们还经常会遇到一些爱提问题、调皮捣蛋的小孩。美国有一位特别有影响力的教育学家杜威，他认为儿童有四种与生俱来的兴趣，探究、建造、交流、制作。我们的教育，无论是家庭教育还是学校教育，都要把孩子的本源兴趣挖掘出来。有的孩子会提一些稀奇古怪的问题。比如，我有一个朋友，她经常跟我讲自己孩子生活中发生的趣事和囧事。诸如，朋友家的狗生娃了，这位母亲带着自己儿子去看，儿子说：妈妈你太没本事了，狗妈妈一生就是 4 只娃，你怎么才生 1 个？妈妈说：人和狗不一样。孩子说：那你怎么还不如狗？妈妈觉得很难为情，感觉招架不住了。事实上，孩子只是从他自己的逻辑出发，要准备一些资料，很理性地和孩子谈哺乳动物的繁殖等知识。

我还有一个好朋友，她有一个可爱的小侄子，4 岁多，有一次奶奶过生日，小侄子围着电饭煲跑来跑去。跑得满头都是汗。快吃饭的时候，孩子说今天的米饭一定又香又好吃，大人们不理解孩子的意思，后来吃饭的时候，大家都觉得这个米饭不对劲，非常的硬。他爸爸一看原来里面有好多白色的小石头，而且这些小石头还把姑父的牙磕掉了半颗，全家人都觉得孩子坏得不可救药。我让孩子的姑姑去问清楚孩子为什么要这样，然后我们再继续聊。后来姑姑就回去问小侄儿为什么要这样，孩子一脸无辜，委屈地讲，为什么要去粮店去买白米，院子的土里也有，为什么不去院子里找呢？他说奶奶过生日了，自己没有钱，也想给奶奶做点事情，就满院子去找白石子。孩子主观意愿是好的，不能从道德层面上对这个行为进行评价。

这些问题其实都不是问题，但是接下来说的问题，可能就是不那么乐观了。实际上我们说问题可能会有两个方面的依据，第一个是在现实中存在，第二个在逻辑上能自洽，即有些问题确实是对孩子、对家庭、对社会和对人类有不好影响的问题。

比如，有的孩子你问他 5 + 3 等于几，他会说等于 8，但是写到纸上就等于 2。家长会说我的孩子聪明着呢，就是马虎。心理学的一些研究表明，孩子在幼儿园阶段大概有近 20% 的孩子不同程度地存在着感统失调的问题。他把加号看成了减号。这个问题不可怕，可以带孩子去专业的医院检查，并采取运动训练来解决，是可以彻底治愈的。

类似的问题还有自闭症，孩子从出生到一岁以内，特别是早期的三四个月，我们在家庭生活可以发现孩子有异常的行为表现，比如语言、感情、动作都迟缓，跟成人没有什么交流，这个时候如果观察到了孩子的异样，就要带他(她)到医院上去检查。但是我们很多家长在认识上有误区。一些家长认为自己的孩子是“大器晚成”、“大智若愚”，孩子3岁前不会说话那是正常的，等到3岁之后什么都会说了。其实等待是不对的，父母一旦发现自己的孩子有异常行为，要找专业的机构去看。我跟妇幼保健院的院长交流，他们特别痛心，如果家长在孩子生命早期有这个意识，早观察、早诊断、早干预、早治疗，孩子还有可能恢复正常。等过了两三岁去治疗可能就不太好治了。我希望通过这个讲座让家长有这样的意识，以避免更多的家庭受到伤害。

还有一些孩子磨磨蹭蹭的，做什么都慢。他们说磨蹭的时候自由，让大脑放空，可以不听爸爸妈妈唠叨。让孩子高效率工作，就一定要让他有转换的时间。小孩子注意力集中就十几分钟，既要高效率去学习也要高效率去玩，不要让他长时间做重复性的劳动，这样会使他提不起精神。

还有的孩子挑食，这个可能是习惯没有养成，也可能是孩子缺乏某些微量元素所致。一方面我们要求助专业的机构，帮助孩子营养地配餐，同时家长也要辛苦一些，孩子的饮食结构要合理，营养摄入要平衡。美国哈佛有一个学者，他在中国做调研，发现营养不合理不完全跟收入低有关系，而是和家长缺乏健康的意识有关系。他发现有一些地方的孩子学习意识很差，老师觉得是孩子玩心大，后来他调查发现是家庭给孩子提供的食物营养不均衡，结构不合理，导致孩子患缺铁性贫血，孩子注意力就无法集中，上课的时候听不进去，学习成绩就滑落了。改变营养结构，孩子的注意力也发生了变化，所以咱们要给孩子提供营养全面的三餐。

除了身体方面，直面孩子的困惑还包括情绪方面，我们面对一些孩子回家老说同学不好、老师不好，这个时候我们就要想一下是不是我们孩子自身出问题了。比如说我女儿上高中的时候，有一天回家跟我说，老师不喜欢自己。我说你是不是不开心了，很难过？她说对，我说你先洗脸洗手，吃饭，吃完饭咱们好好聊一下。晚饭后，我们一起在小区散步，我问女儿，你觉得妈妈喜欢你吗？她说当然喜欢了。我说为什么？她说因为我是你生的。我说不单单是因为这个原因，你很善良，你对爷爷奶奶都非常好。你给了家人非常多的喜欢你的理由。我接着问，你给老师喜欢你的理由了吗？她说："老师不喜欢我，我为什么要喜欢她？"我说："你都不先喜欢老师，老师为什么要喜欢你？"我告诉她一定要给老师喜欢她的理由。女儿说我们老师嗓门非常大，一直咳嗽，说话多了挺难受的。我说家里有金嗓子喉宝，可以带给老师呀。她说妈妈，我下课趁人不注意的时候，放到讲桌上。一周之后她告诉我，"妈妈，老师特别喜欢我，老师现在看见我就笑。"这个是什么？这就是学习沟通和理解的家庭教育。

习近平总书记说家庭教育是做人教育和品德教育。品德教育首先就是私德教育，就是要自律，遇到事情不要指责别人，要反思自己，还要向善，这就是道德教育。

有的孩子看到别人优秀就难过。我们作为家长就要疏导了。在我女儿的成长过程中也经常会遇到一些优秀的孩子，她不觉得难过，但是她觉得压力很大。我邻居的女孩子漂亮得不得了，1米78的个子，被哈佛大学全奖录取读的本科，那年哈佛在中国全奖录入的学生不到10个，其中就有她一个。这个孩子太出类拔萃了，可遇不可求。她说妈妈为什么他们都这么优秀，我说你也很优秀啊，她说鬼才信。我说你善解人意，多才多艺，生活能力强。在这一点上，妈妈觉得太自豪和骄傲了。女儿上高中，为了锻炼她，我让她自己去报到，我给她一张银行卡，让她自己办理住宿和入学的所有手续。好多同学的家长都说，宝贝儿你太可怜了，你爸妈怎么回事啊，怎么谁都不管你啊。女儿回家的时候，眼睛里闪着泪花，我跟她说，孩子，其实叔叔阿姨还有一句话没说出来："这个孩子太棒了，我家孩子要像他这样就好了"。我说你班同学谁像你这样？自己把一切打理得这么明白，没有吧，就你自己。我知道在学习上跟最优秀的孩子相比咱是不如人家，但是你一定要让她发现自己的优秀。她当不了班长、学习委员，后来我说你能不能多为大家做点事儿？她说可以啊，我是我们宿舍长，我们宿舍很优秀的。我们一定要发现孩子的特点，要让她做最好的自己，不要逼她做自己做不了的事情。

有的孩子没有动力，总是随遇而安，可能有很多原因，其中一个重要的原因就是孩子在生活的各个领域可能都没有获得一些成功的体验。因此，他对自己就不相信，久而久之就不再去尝试努力。这些实际上都需要我们去面对，在家庭生活中我们要去帮助孩子相信自己，帮助孩子接纳自己，重建自信。

我的观点是发现问题和解决问题同样重要，我跟大家分享5个我个人的思考：

1. 勿以善小而不为，勿以恶小而为之；

2. 让孩子学会独善其身，做到相善其群；

3. 教育是在爱和约束之间达成平衡；

4. 用农民的思维反观孩子成长的问题；

5. 学会向专业化团队和机构求助。

在家里，我们一定要重视道德教育。梁启超先生在1902—1906年发表了几十篇文章，最后汇集成册，出版了一本书《新民说》。他认为，人人独善其身，谓之私德；人人相善其群，谓之公德。

私德就是在个人领域，孩子或者成年人的自我约束，还有坚守做人的基本道德准则。这个准则在我看来有三个方面：自律、利他、向善。咱们中国有一个著名的法学家，他的女儿妞妞在一岁多的时候也经常因为某些要求得不到满足而哭鼻子。父亲会把孩子抱在怀里说你可以哭，但是你不要妨碍别人，然后就把孩子放到卫生间，跟他说，你哭够了，再来找爸爸，爸爸再跟你聊。要不要对幼儿开展道德教育？要！要帮助他学会做人，学会自律，学会向善。后来这个孩子长大了，她跟爸爸说，爸爸我有点紧张，我想自己待一会儿，我想哭一会儿。我哭完了再跟你聊。哭是一种情感宣泄，但是不能用哭妨碍其他人和要挟他人，这个父亲做得非常到位。 这就是独善其身的教育，指导孩子从小时候从小事做起。

相善其群是学会交往，学会社会生活中一些为人处事的道德准则。 我自己有刻骨铭心的体验。 我小时候有 5 年的时间是在外公外婆家长大的。 我外婆家是一个大家庭，有十几口人。 我外婆不识字，我觉得这个不识字的外婆很有生活智慧，她一手带大了 14 个孩子。 我是 60 年代生人，那个时候物质匮乏，有钱也买不到东西，有很多孩子家里的资源都是拮据和稀缺的，别人给了我们几块水果糖，外婆会把它砸碎，包 14 个包，每个孩子都有。 从这儿我就学到不能吃独食，吃独食是很可耻的事情，要学会分享。 这是最初的公德。 心中要有别人，要学会关心，学会公平、公正对待每一个人。 我外婆在一个非常殷实的家庭中长大，她原来什么都不用做，后来由于政治的原因，家道败落了。 为了养家她自己去种地，自己去操持一家人的生活，后来她什么都会做了，家里家外一把手。 她从来不抱怨，内心世界坚定而平和。 我三岁的时候，她告诉我爹有娘有不如自己有，要学会独立自强。 她在我的心里种下了一颗种子，后来就生根发芽了。

她把我们 14 个兄弟姐妹养大了之后，我们每个人都很独立，我们有一个充满和谐氛围的大家族。 我们有一个微信群，就叫大家庭，我们都结婚、生儿育女了，这个大家庭也有四五十口人了，我们相亲相爱地度过每一天，外婆是我们家庭的精神领袖。 虽然她已经过世多年，但是她的精神和影响还在传承，这就是家风。

教育一定要在爱和约束之间达成平衡，我们说要解放孩子，但是解放不等于放纵。比如，一个小学的校长跟我说，有一个小朋友经常犯错误，爷爷来接他的时候他跑掉了，校长发动全校老师找了几个小时才找到。家长过来之后和校长说千万不要批评我们的孩子，他已经够难过了。我认为没有约束的教育不是教育，约束是帮助孩子建立规则。这个孩子接二连三又跑了好几次，在生命早期没有帮助他建立规则，孩子不知道什么是对的，什么是错的。将来要一意孤行，后果会非常非常可怕。

我们要用农民的思维教育孩子成长。农民种下粮食，如果长得不好，农民会说小苗你怎么不好好长吗？他会反思自己是不是我选的种子不好，是不是我对他照顾不好，是不是这片土地不太适合他的生长。他会反思自己。所以，我们家长看到孩子出现问题的时候，要反思自己，要向农民学习。

家长要学会向专业化的团队和机构求助。当我们在生活中发现孩子行为、心理、语言等发展出现问题的时候，你不要等着去改变，你要向专业化的机构去求助，带孩子去看一下。要相信现代医学、心理学的发展会给你提供专业化的支持。比如说我在大学工作，我们也有一些学生，因为各方面的原因抑郁了，这个时候我不会说这个孩子抑郁了，我会跟家长说咱孩子遇到问题了，我建议你去哪儿看。

当我们有一些孩子在青春期出现问题的时候，他威胁你要自杀，你千万不要当儿戏，你要跟他沟通。如何沟通？要学会共情。我曾遇到一个出现抑郁问题的学生，学校很紧张，派一个生活老师陪伴，后来我说还是得做家长的疏导工作，请家长带孩子去医院看。后来医生给的结论，家长也很害怕，医生说这个孩子随时都有可能走上绝路，需要采取药物治疗，需要回到家里静养，母亲听从医生的建议带孩子回家调养和治疗，后来这个孩子恢复正常了。

理解儿童发展的多重视角

理解儿童的多重视角，我想得从这样的几个方面来和大家交流。一个是儿童是谁，再有一个儿童成长是一个什么样的过程，受哪些因素的影响。

在人类历史很长的一段时间，我们一直把儿童当做小版的成人，没有看到儿童人生的阶段和时期他的发展的特殊性，以及这个阶段的发展对人的一生的影响。法国的一个学者叫卢梭，他说我们要把成人看做是成人，也要把孩子看做是孩子。他认为，自然需要在儿童成为成人以前，把儿童当成儿童，而且要尊重儿童期的独特价值。

这是什么意思呢？就是说儿童有创造力，有看世界的独特视角，儿童在发展过程中实际上是以他的方式不断跟社会互动，在建构他自己。你要尊重他发展的独特性，你要给他提供丰富的环境，而且你要帮助他能够找到最好的发展路径做一个最好的自己。对于小朋友来讲，他的成长包括生理的、心理的，还有社会性的发展。

生理发展是人生物因素的发展，是人类个体的生理结构与机能及其本能的变化。个体的生理发展过程是一种内发过程，即个体按照自身预定的程序和节奏而自然成熟、成长的过程。从生理学上讲，男孩的大脑和女孩的大脑是不一样的，男孩的大脑是任务驱动的，比如说一个男孩进到屋子里，可能看到的是好朋友在干什么，好朋友在玩什么。女孩一进屋就看，有谁，他们穿什么衣服，什么表情，还有进来的时候谁跟自己笑了，谁连理都没有理自己，他们在干嘛。人类在早期采猎文明时代，男性打猎，目标必须明确。女性采摘，要从树下边走边看，看果子熟了再采摘，这些生活习性是造成男孩和女孩差异的重要原因。

在现代社会中优秀的人要同时具备两性优秀的品质。我们不要给女孩一些消极的暗示，不要说优秀的女孩将来在社会上不一定发展得好。一定要把女孩先天优秀的潜能发挥出来，不要让性别成为约束。

心理的发展，是指认知能力和个性特征的发展。认知包括感觉、知觉、记忆、思维等；个性包括需要、兴趣、情感、意志等。我不认同现在的一种说法，就是“不要让孩子输在起跑线上”。儿童早期心理发展要考虑到很重要的一点是兴趣、习惯以及健康的心态。这些品质才会帮助孩子持续地跑，不输在终点线上。我们要让孩子从小有一个乐观、积极向上的心态，有一种好的生活习性，并对他的记忆力进行训练等，这都是心理养育。

当父母之后，首先我们得情绪稳定，在职场中我们一般不会发脾气，你不能跟领导或同事发飙，但觉得家是可以宣泄情绪的地方。这种想法是不对的。孩子看到的是一个动不动就发火的父母，她(他)会没有安全感，会焦虑。通常父母在职场很注重个人仪表，但是在家里却给孩子展示的是一副慵懒和邋遢的形象，在家里和职业生活中的落差会给孩子消极的暗示。这些家庭生活的细节我们一定要注意，我们就是孩子的榜样，孩子是通过模仿学习的，孩子觉得有些家庭比如说什么事情都是妈妈做，爸爸什么也不做，他就觉得这个是正常的，长大之后，她到别人家发现人家不这样的时候才意识到这可能是问题。

还有社会性，社会性就是作为一个社会成员的个体，为适应社会生活所表现出来的心理和行为的特征，也就是说人的社会化过程就是形成了人的社会性过程，接受社会的习俗、道德、法律的过程。具体包括哪些内容呢？比如说在家里，我们要和孩子建立良好的关系，同时还有一个要让孩子学会性别角色的扮演。比如说男孩子应该怎么做，女孩子应该怎么做。社会性在伙伴关系中建立起规则、在伙伴关系中学会交往、互动。同一个父母生的孩子，家庭环境影响也是类似的，但是性格长大之后都不一样。实际上受伙伴群体的影响非常大，这个跟每个孩子的成长环境有关。

我们在儿童社会性发展的过程中，一定要培养孩子亲社会行为，还有帮助孩子建立一种道德意识，具备道德能力，还能够自觉地去践行，这个就是社会性的要求。从人的长远发展来讲，内在动机给人的驱动力是更强一些，幸福指数也更高一些。所以，我们要发现孩子的差异，帮助孩子找到最好的定位促进发展。

我自己挺有感触的，我先生是学生物工程的，他非常喜欢女儿将来也接他的班，女承父业。高中时，女儿就说我要读理科。女儿说同学认为学文科的人都是笨蛋。我说咱们不用笨和不笨去评价人，而是用适合和不适合来做选择。我女儿思维很感性，有写作和艺术天分。后来我就想办法跟女儿沟通，足足沟通了两个月，旁敲侧击把我的故事跟她分享，后来她就去了文科班，到了文科班之后，觉得很不错，考大学报了一个985学校语言类专业的志愿，女儿非常喜欢。我觉得在这一点上，大方向我们还是把握得对。她的人生经验有限，毕竟是孩子，父母要参与孩子的发展，但不是代替孩子的发展，而是给她提供支持，父母亲给孩子提供支持，就是帮助孩子找到最适合自己的发展平台和路径，这个是对的，这是理性的选择。

请相信优秀是教出来的

我经常跟一些学校老师讲，当一些孩子家庭教育缺失，父母亲缺乏正确的家庭教育观念，不具备教育能力，孩子在培养过程中出现问题了。如果您是孩子的老师，您发现了怎么办？要进行干预，对相关问题进行补救，我们必须做这件事情。

我曾经帮助一个农村小学做行动研究，那个学校外来务工人员的子女比较多，正常的居住条件没有办法保证，家里没有电也没有水，一家衣食住行都在一个房间里。校长具有强烈的人文关怀，他安排学校门卫每天早晨6点钟打开学校大门，迎接第一批学生到校（孩子的父母在早市上卖菜，起得早，把孩子放在家里不安全），又在学校教学楼的卫生间装上了淋浴器，给这些家庭的孩子提供基本的个人卫生保障。学校生活方面的补偿让学生的生活状况有了一些改善，孩子进入学校的时候，身上不再有让人不愉快的气味，个人卫生状况明显好转。但是学校在给家庭提供支持时，仅有这些生活补偿是明显不够的。对于孩子和学生成长而言，文化教育方面的补偿比干预更有效。这时我们发现了一个案例，一位年轻的语文老师在班里开展生活随笔写作指导。她从孩子一年级入校开始，坚持让孩子每天写一句话，表达自己的生活感受。学生最初觉得写作很难啊。记得第一次看到学生们写的随笔时，有一种心痛的感觉和伤感，一个女孩写道："放学爷爷没 lai，我很 hai pa。"对于出生在北京的孩子来讲，入学前的准备不仅让孩子认识了很多字，也能初步表达自己的一些想法。但是这所乡村学校的学生显然存在着学前教育与学校教育的不衔接。老师很有耐心地和学生们一起坚持着。每个月，老师都会把孩子们写得比较好的句子输入计算机，并打印成册，取名为《小浪花》，送到每个孩子手中。当学生们看到自己写的话被“印在书里”，那份激动和喜悦成了鼓励他们继续写作的强大动力。到了一年级下学期，学生竟然写出了这样有色彩的生活：“放学回家，发现我家的鸡跑出来了，我东捉一只，西抓一只，费了好半天的劲儿，才把它们关到笼子里，看来人是不可以战胜的”。基于乡土生活，学生们在学习写作的过程中，在家庭生活与学校生活之间建立了联系，使得家庭生活体验也能转化为学校的学习内容，老师们的努力在改变着这群孩子的命运，学生们内心世界在一点点充实的同时，也逐渐变得强大起来。

在家庭中，我们可以一起去讲我们看到的世界，一起去写、画我们看到的世界。这样才能够共同成长，我们才能够给孩子一个强大的发展性支持。我们不是生下来什么都会的，我们不是生下来就彬彬有礼，言谈举止都得体的，我们是通过家长、老师教和环境熏陶出来的。

美国有一个学者叫库利，他提出了一个理论叫“镜中我”。人在发展的过程中都把别人对自己的评价变成一个镜子，你按照镜子中影像来调整自己，最后获得发展。我这几年也在反思我自己家里的故事。小的时候，我总觉得自己是大院里最好的孩子。我爱说爱笑，礼貌待人；会买菜、会做饭，会洗衣，还会整理房间；楼里电闸的保险丝断了，我也会去换，而这一切都是被父亲夸出来的。父亲表扬孩子的方式多种多样，有肯定性表扬，也有鼓励性夸奖；不仅做了好事要赞美，没做事儿的时候也给你暗示性的激励，让你心甘情愿地分担家务活，学会了好多生活技能，“诡计多端”的老爸让我感觉自己无所不能自信爆表。10 岁的时候，为了让我和姐姐粉刷房子，老爸提前好几天就开始夸我们姐俩。“我女儿特能干”，“真棒”，“一点儿都不让爸妈操心”，“都能自己当家了”。这么肉麻的话说出来之后，我真的被忽悠晕了。父亲和好了一大盆白色的灰浆，我和姐姐就做起了粉刷匠。每天放学回家，小姐俩踩着三个板凳搭起的梯子，用小饭碗盛着浆子刷墙。两个星期后，父亲从五七干校回家，看着被两个女孩子给刷成了一道道的墙，他又开始夸了，“我闺女太能干了，咱家房子真的白了好多，刷一遍就白成这样，要是刷两遍，那得白成啥样啊！”我和姐姐又乖乖地刷了两个星期，墙还真的变白了。马克斯 · 韦伯阐释责任伦理的时候，提到了事前责任与事后责任，事前责任是一种可预知的责任，意味着行动者在行动没开始的时候就清楚自己的责任担当了。父亲在指导我们做家务的时候，不仅培养了我们的生活能力，还让我们形成了悦纳自己的生活态度，在这一点上他可是既聪明又警醒。贯穿童年各个阶段的夸奖与鼓励，让我们受益终身。父亲的鼓励让我照镜子的时候把自己照得赏心悦目。

不同时代家庭教育面临的主题不一样，父母最好要走在孩子成长的前面，你才能做好准备，你才能够给孩子提供帮助和支持。比如在孩子青春期没到来之前，您先读一些关于青春期的书，了解这方面的知识，才能应对孩子突如其来的青春期叛逆，才会有可能化解各种危机和冲突。

我们要学会心平气和地和孩子讲话，要跟孩子讲道理，要说服他，要让他知道什么是对的。而且沟通的过程也是一种教育。比如说，我女儿喜欢做饭，但是她做饭时不喜欢收拾厨房，我觉得这个不对，厨房进去什么样，出来就应该什么样。我喜欢把厨房搞得很干净，所有东西都归位，这是一个习惯。在这个过程中，我也是反反复复和女儿提要求，让她养成习惯。为了提醒她，我做了很多的工作，包括在墙上贴条提醒，后来又约法三章，告诉女儿如果做不到整洁，就不允许使用厨房请客，现在她已经学会自己去收拾厨房，整理房间。

开放坦诚地与孩子沟通，一定要和孩子讲实情。比如说，家里的经济状况，如果孩子要买一个超出家庭经济能力的东西，就要跟他讲，现在咱们家的经济状况什么样的，你发展没有问题，基本的生活消费也没有问题，但是消费要适度。应该说，优秀是教出来的。

1922 年，梁启超应苏州学界之邀作一场演讲。他向在座者提出了一个问题："为什么进学校？"梁先生自己给出的答案是，求学问为的是学做人。但凡一个人在学校里所学，数理化、史地、国文、英语，乃至哲学、文学、农工商等等，皆不过是做人所需的一种手段。而要成一个人，总要具备三德——智、仁、勇，实现了的状态便是"智者不惑，仁者不忧，勇者不惧"，无论是教育家教育学生，父母教育孩子，还是父母教育自己，皆应以这三件为准则。

父母的道德形象实际上是父母的做人形象。现阶段中国教育的根本任务就是"立德树人"，在家庭教育落实的最重要体现就是“品德教育和做人教育”。父母即教育者，首先要求父母要做道德高尚的人，父母亲要想成为孩子的道德楷模，就应该自律，私德公德兼修，既独善其身，又相善其群；既有社会责任，又有家庭担当；在社会做好公民，在家做好亲人；孝敬老人，兄友弟恭；善待儿女，精心抚育孩子；严于律已，推己及人，成己达人。这些都是父母道德形象的具体要求。

优秀的职业人不等于优秀的父母，作为一个成年人，我们要在家庭生活、职业生活和社会生活中成就美好的人生，我们要在家庭中自觉地扮演做父母的角色。我个人认为好父母应该具备以下10条优秀的品质：

1. 乐观向上；

2. 自强自律；

3. 责任担当；

4. 关爱家人；

5. 公平公正；

6. 言行一致；

7. 情绪稳定；

8. 夸奖鼓励；

9. 理解包容；

10. 生活情趣。

家教百年回顾与反思

王大龙

专家介绍：王大龙，教育部高访学者，现任中国民促会家长教师合作管理委员会副主任、中国教育学会理事、专家，家庭教育专业委员会副理事长。中国新闻史学会特邀理事，美国太平洋学院特聘专家，新加坡家庭教育研究院教授。著有《中西方艺术教育纵横》、《儿童生活在音乐中》、《中国家教百年》。

感谢上海市家庭教育高峰讲坛的邀请。没想到这么专业化的题目来了这么多家长朋友们。今天来了很多好爷爷、好爸爸们，我们希望给他们多一点掌声。男性在家庭教育的作用是不可小视，研究成果表明孩子的学习成绩和爸爸的阅读量成正比。我在山东讲课，一位农村的家长问我，王老师我孩子学习成绩不好，怎么办？我就问他，我说你读书吗？不读。我说你读报吗？ 不读。 读杂志吗？ 不读。 我说你家里有书吗？ 一本都没有。 所以，我说不奇怪，你的孩子学习成绩要想提高，要先从你自己读书开始。

家庭教育是什么？ 怎么样来揭开它的内涵？ 有人说教育是一朵云影响另外一朵云，一棵树影响另外一棵树，一个灵魂影响另外一个灵魂，其实家长是在用你一生的生命来影响另外的一个、两个、三个孩子们的生命进程。 到了互联网时代，家庭教育越来越显出它的重要性，以前学校教育的老三样(基础知识、基本技能、品德规范)一定要和家庭教育的新三样(终身学习、个性化学习、即时学习)相融合，才能满足我们这个时代的要求。 学校教育和家庭教育的融合其本质是科学和人性的融合，工业化时代的系统性、标准化、效率化与家庭教育的个性化、人性化、生活化的融合。

家庭教育四字关天

有一个话题叫不让孩子输在起跑线上。 事实上，孩子是没有起跑线的，我们要让孩子赢在终点线上。 什么是孩子的终点线，不是我们的教育方针，不是德智体美劳全面发展，也不是我们家长所期望的孩子一定要成为科学家，成为教授，成为大学者，而是让每个孩子成为最好的他自己。 孩子的智能，按照美国心理学家加德纳划分至少有八种：语言智能、音乐智能——反映听觉和发声系统的特征，不由物质世界所控制或支配。 空间智能、逻辑—数学智能、身体—动觉智能——由于物质世界有不同的结构，因此影响这些智能呈现不同的形式。人格智能、内省智能——对自己的感受的审查与认知、自我感。人际智能——发现其他个体间的差异并作出区分。

换句话说，你的孩子是个苹果的话，就要让他成为最大、最美、最红、最甜、最脆、最好的苹果，而不是要像别的孩子一样成为梨、葡萄或者香蕉。

古代的家庭教育我们掌握得不多，古埃及、古印度、古希伯来一开始负责教养孩子的都是家庭，儿童是公育化的，有的以宗教信仰为目标，有的以专门的职业为目标。中国的古代家庭教育是非常早的，而且中国古代的家庭教育最注重的是孩子的言谈举止、行为规范。孔子教子，（孔子）尝独立，鲤趋而过庭。曰："学诗乎？"对曰："未也。""不学诗，无以言。"鲤退而学诗。他日又独立，鲤趋而过庭。曰："学礼乎？"对曰："未也。""不学礼，无以立。"鲤退而学礼。学《诗经》有助于措辞文雅，学"礼"有助于立身行事，孔子教育自己的孩子，也是从最基本的言行举止、行为规范方面开始。古代教子非常重视立身行事、言谈举止，从基本方面做起。

家庭教育是一件大事，孟子几千年前就讲过："国之本在家，家之本在身"。家庭的根本在于每个家庭成员的修身。

家庭是什么？按照英文的三个单词来剖析一下。

House，这个家是具体的房子，有形的物质的居住的地方。Home 范围比 house 大，它包括精神方面的联系，你是小家庭还是四代同堂。我们常常讲的 Family，包括家庭的各种各样的关系，包括家庭成员之间互相的影响，借助英文的字母可以把它解释为“爸爸妈妈我爱你”。

家风是什么？ 家风像风一样，像今天上海吹的风，看不到摸不到，但是它又影响着你，冷了热了你要更换衣服，甚至它吹进你的每个毛孔，但是就是看不到、听不到、抓不到它。 家风一旦凝固成一句话，凝固成一段文字，把不见的东西变得可见了，我们就叫它家训、家规、家戒、家范。 所以，家风是一个载体，这个风承载着你家庭历史当中的一段历史、一个故事、一段情结。

家庭教育是天大的事，不是我发明的，是胡适先生说的，他说家庭教育四字关天，将来孩子成就大圣大贤大豪杰，或是成为大奸大盗小窃小偷都是在家庭教育这四个字上。 习近平总书记说，家长要给孩子做榜样，善于从点滴小事中教会孩子欣赏真善美，远离假丑恶，这才是家庭教育的真谛。 美国前总统奥巴马一直很重视家庭教育，他说：我们需要更加努力地工作，学习更多的知识，教导我们的孩子用书籍和家庭作业来取代遥控器和电子游戏……教育的进步既需要更多资源，又需要更多改革。 这需要对儿童早期教育进行投资，招聘待遇相对优厚、表现更为出色的合格的教师队伍。

父母需要尽早且经常性地参与儿童教育。 我认为，如果我们真心想帮助自己的子女与世界上其他的孩子将来竞争就业机会的话，需要我们大家共同努力，确保让我们的每一位孩子从呱呱坠地到大学毕业一直接受世界一流的教育。

英国的教育家洛克认为，家庭教育非常重要，它是给孩子深入骨髓的教育，是任何学校教育和社会教育不可代替的。著名教育家斯宾塞说：“今有人焉，对于算术簿记之道毫无所知，即贸贸然开始营商，吾人必笑其愚钝，而断其结果必无幸。更有人焉，对于生理学解剖学毫无所知，即贸贸然为病者操刳腹破背之事，吾人必斥其狂易缪妄，草菅人命，而为彼病者不胜悬惴悲怜之至。乃今之为父母者，对于教养儿童之道毫无所知，即贸贸然育儿生女，而担任此教养儿童之艰难工作，岂不更令吾人对于当事者表示无限之惊愕，对于受害者表示无限之怜惜乎！”现在的家长没学过家庭教育知识就教养孩子，这是很难做好的。

家庭教育是一件大事。家庭教育又是一件急事，不能等，不能说等孩子上学或者工作了再来进行。家庭的早期教育不能等，儿童大脑发育每秒产生 700 个新的神经细胞的突触，大脑各种神经元靠的突触的链接，18 个月孩子在言语方面就出现了显著的差距，如果我们家庭再有一些危险的因素，孩子的大脑发育会受到极大的阻碍。

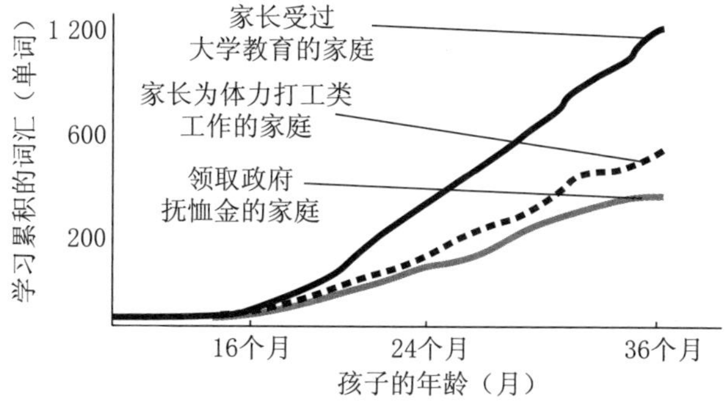

Hart，B. & Risley，T. 1995

上面这张图中 36 个月的孩子掌握的词汇量是 1 200 个单词，这是什么家庭？ 受过高等教育的父母这样的家庭。 第二条线是一般的劳动者的家庭，这个词汇量就到了 600 的下线，再有就是福利院的，在婴儿期成长或者受到阻碍的，这些孩子只有 300 个单词。 从 18 个月开始分流了，到 36 个月就出现了巨大的差异。 我说这就是起跑线。

家庭的创伤性环境至少有这么几个方面：第一是家庭暴力。 暴力是绝对不能有的，但是现在影响流毒很深很广，不少人认为孩子不打不成才。 有一位上海最著名大学的教授，在几千人的公开大会上说，我就是被暴力打大成才的，这可能是个特例。 家庭暴力是一定要反对的，家庭民主也要强调起来。第二个就是虐待。 这个虐待不光是衣食温饱，还包括言语的虐待。 第三个是贫困。 现在要精准扶贫，贫困不是好事，贫困的家庭孩子的大脑发展也受到阻碍。 第四个是吵架。 比如，在孩子面前父母激烈地争吵，甚至动手。 有一个妈妈很“聪明”，她说我不在孩子面前吵架，等孩子睡着了以后我们再吵。最新脑科学研究成果，父母在孩子睡着之后吵架对孩子大脑的影响比孩子醒的时候还要严重，所以父母的恩爱、家庭的和睦是给孩子大脑最好的养分。 第五是酗酒。 酗酒例子城市比较少，农村多，农村家长酗酒多。 第六是离异。 因为父母离异，对孩子的伤害仅次于死亡。 下面这张图是有创伤环境家庭成长的孩子和正常家庭孩子大脑的对比，图的上面是创伤家庭，大家看大脑是枯萎、干瘪的，没有发展起来的，该有的那些神经元，那些突触连接，那些言语的功能、情感的功能都没有发展起来；下面是正常家庭孩子的，它的大脑像一朵盛开的花，饱满、鲜艳、滋润，发育得非常完整。

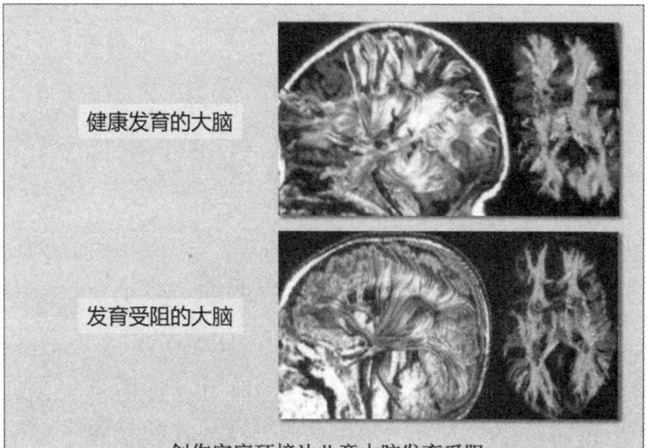

创伤家庭环境让儿童大脑发育受阻

美国有一位教授罗斯高，在中国待了 13 年，他跑到陕北的山区给 1 800 多名孩子做贝利测试。这个测试发现了陕西西部山区、云南，甚至包括离北京两小时车程的地方，孩子的认知水平出现严重的障碍。最高的有 55%的孩子通不过正常标准的测试，所以罗斯高很焦虑。我们这些留守儿童的爸爸妈妈出去打工，孩子交给爷爷奶奶，这些孩子得不到识字、讲故事、说话、音乐、舞蹈的机会，每天和小鸡说话，和老人一起长大，智能没有得到很好的开发。

什么事最复杂？家庭教育最复杂。家庭教育是门科学，但是这个科学没有一个拿起来就能用到你这个家庭的现成的公式，数学、物理、化学都有公式、定理，不管哪一个国家、哪一个老师拿起来就可以用，放之四海而皆准，唯独家庭教育不行。家庭教育需要爸爸妈妈把这些科学规律化解成自己的东西运用到家庭当中，运用到这个世界上独一无二的宝贝的身上。哈佛女孩，哥伦比亚男孩的案例都不管用，一定是你自己创造出来的，根据你们两个从原生家庭带来的基因，再根据你对孩子独特的大脑创造出来最适合你这个家的家庭教育原则和方法。

家庭教育百年嬗变

中国100年来家庭教育的嬗变，是与100年来中国社会的动荡、变化紧密相连的。1911年的辛亥革命推翻了清王朝的统治，封建的家庭伦理道德观念受到冲击，“东洋”和“西洋”的儿童观、父子观、夫妻观等家庭教育理念传入中国。在传统社会里，家庭是家庭成员的学校，上一代担负有教育下一代的任务，世代家传是各种生产技术和方法得以流传的主要方式。随着社会的发展，各种各样的学校取代了家庭这种功能。传统家庭结构、家庭功能也随之发生改变，百年的家庭教育嬗变既浓缩了中国数千年传统家庭教育的精华，又体现出中西文化相互交融互动的时代特征。

（一）西学的浸润

陶行知先生和陈鹤琴先生都是引进美国家庭教育理念的代

表人物。陶先生1914年留学美国，在哥伦比亚大学追随杜威研修教育。陈鹤琴先生也曾在哥伦比亚大学学习幼儿教育。杜威认为，教育就是儿童现在生活的过程，而不是将来生活的预备。他说：生活就是发展，而不断发展，不断生长，就是生活。因此，最好的教育就是“从生活中学习、从经验中学习”。教育就是要给儿童提供保证生长或充分生活的条件。

由于生活就是生长，儿童的发展就是原始的本能生长的过程，因此，杜威又强调说：“生长是生活的特征，所以教育就是生长。”在他看来，教育不是把外面的东西强迫儿童去吸收，而是要使人类与生俱来的能力得以生长。杜威于20世纪20年代来中国讲学，他的儿童观对中国家庭教育的影响是深远的。

著名教育家陈鹤琴先生回国后把毕生的精力都贡献给家庭教育的研究与实践工作，是这一领域内的权威和近代家庭教育思想的集大成者。他早年就读于圣约翰大学和清华学校。1914年赴美留学，获哥伦比亚大学师范学院教育学硕士学位，是我国这一领域学习西方正规家庭教育理论的第一人。此时国内人们虽然猛烈地批判了传统家庭教育，出现了一批相关的论述和著作，但对于这一领域的系统研究还十分薄弱，对传统的评价也有偏颇之处。陈鹤琴回国后，以极大的创业热忱投入到该领域的研究之中，从1920年起，他以长子一鸣为研究对象，进行长达808天的考察和实验。1925年他把研究成果编辑成《儿童心理学研究》《家庭教育》两部专著，详细阐述了他的家庭教育思想，使家庭教育从个别的实践上升为普遍规律的总结，陈鹤琴对于家庭教育的理论和实践作出了全新的阐释，特别是《家庭教育》一书提出的一系列原则和方法，成为一代父母进行家庭教育的最好教科书，陶行知称该书是“近今中国出版教育专书中最有价值之著作”。他把中国传统家庭教育和西方现代教育理论相结合，建立了具有中国特色的理论化、系统化家庭教育范式，对家庭教育研究具有重要意义，标志着传统家庭教育向近代家庭教育嬗变完成。

英国哲学家罗素特别重视人是自己的主人，只要有不错的成长环境、人必定会朝着“向上与向善”的方向发展，而不断地自我了解、自我接纳、自我学习、自我肯定，最终能达到自我实现的境地。就孩童而言，在成长的环境中，父母若能给予更多的支持和关爱，必能积极地发挥其潜能。

罗素的主要思想有：

（1）协助孩子更清楚地认识自我。“自我”的认识与面对，是孩子成长的核心目标；人一生唯一能长期陪伴自己的就是“自我”，因而帮助孩子从小就能更多且更深地认识自己绝对是一项必须学习的功课。例如，让孩子了解自己的兴趣是什么？个人有何特点是与众不同的？自己的优点有哪些？而缺点又有哪些？

（2）要多给予孩子尊重和接纳。每个人都有“向上与向善”的发展潜能，但在此过程中必须要有父母的循循善诱才可以。为人父母者在平日生活中，就必须多多给予孩子适度的尊重，并学习去接纳孩子的学习和表现，而不去计较行为的完美程度。其实，世上哪有什么完美？你我都不可能完美，又何必要求孩子要完美呢？例如，孩子的音乐天赋不高，也不愿意去弹琴，父母与其清楚地沟通且了解之后，就不该再强迫孩子去学琴。

（3）培养孩子的自信和自尊。一个人的自尊心与自信心的形成，是需要长期培养的，而孩子的自信和自尊，最早是从父母那里获得的，因为他们之间的互动最早也最多。父母若能懂得欣赏孩子的表现，也能不吝于开口赞美鼓励，则孩子在此环境中长大，就很自然地拥有自尊与自信心。例如，孩子主动在父母面前表现，或是父母偶尔注意到他的良好行为，就应主动立即给予肯定或赞美。

（4）激发孩子发挥其个人潜能。自我实现与潜能的发挥，被认为是最终也是最高的个人需求：然而，潜能必须要适当地开发，甚至要能予以适度的激发才行。例如，父母平日只要多用心去观察及了解孩子，就一定能找得到最适合激发孩子发挥其个人潜能的方式，并能把握机会在日常生活或与孩子的互动中多加运用。

早在1937年，中国就翻译出版了奥地利心理学家阿德勒的重要著作《儿童之教育》。阿德勒属于弗洛伊德的精神分析学派。在家庭教育上也可称呼为心理取向学派。这一学派过于重视个人的童年与潜意识的影响，而使人难免陷于悲观命定的宿命论限制。不过，精神分析学派曾经为心理学的第一大势力，此学派的观点和技术运用在家庭教育上，主要有以下四点：

（1）重视孩子上小学之前的童年生活经验。虽然孩子在还未入小学阶段，看起来似乎是懵懵懂懂，但按照传统精神分析学派的观点，五六岁时其人格发展已经完成了80%，果真如此则实在是令人疏忽不得。父母对于幼儿的生活与行为表现，应该经常陪伴并随时予以关注。例如，口腔期吸奶嘴习性的戒除、肛门期清洁卫生的严格要求、性器期对于性的好奇与探索等，都应审慎地加以应对才是。

（2）让孩子能有某种程度的自主权而能让其顺性发展。幼儿在口腔期、肛门期到性器期的六年人格发展中，父母不可按照大人的想法与标准来严格要求孩童遵行；否则，一旦发展不顺遂而造成某一时期的“滞留性格”，对于其往后人生将会产生颇大的负面影响。例如，孩童在性器期难免会对异性感到好奇，而有偷窥、碰触等行为出现，若父母给予严苛地指责或处罚，这会让其从小就对性的好奇与需要产生罪恶感，往往会影响其成长后有关性需求的正常反应。

（3）不可忽略潜意识对孩子所产生的无形影响。虽然嘲讽精神分析学派对潜意识的处理，犹如“在一间黑屋子里，抓一只看不见的黑猫”，但对于潜意识不受人们意识所觉察与控制，却会对许多过度的压抑产生无法控制的莫大影响，使人不得不加以重视。例如，对于童年重大创伤后的压抑，一直没有处理而造成往后在某些人格上出现的偏差。

（4）注意孩子运用自我所产生的自我防卫机制。人的“自我”为处理“本我”和“超我”之间的严重冲突，而产生自我防卫机制来加以保护，原是无可厚非的。然而，防卫机制的反应内容多半都是自我否认、推卸责任或设法合理解释等。倘若孩子经常运用这些自我防卫机制，恐怕对其真实生活的调适，也会有不良的影响。例如，对于孩子上学后的学习行为或考试成绩不佳，每回都以“合理化”来推说“老师题目出得太偏”、“自己运气不好没有读到”等回应，这类的反应对其真实学习改进没有任何正面的帮助。

（二）对传统的扬弃

在西风东渐的影响下，陈独秀、胡适、鲁迅等人把对传统家庭教育的反思和批判作为重塑民族思想、伦理和行为方式的重要课题。他们视家庭教育为改造国民性的重要利器，注意到传统家庭教育是以家长为本位的，忽视人的个性自由，这制约了子女的个人自由和幸福。家长的绝对权威，使家教更多的是体现被教育者的服从和忍耐。陈独秀认为传统父为子纲的观念使子女成为父母的附属品从而“无独立之人格”，“以纲常之教为人子为人妻者，即使个人独立之人格，复无个人独立之财产，父兄蓄其子弟，子弟养其父兄，此非个人独立之道也”。还是年轻学子的胡适早在中国公学读书时，就写有《论家庭教育》等文章，论及家教的重要性。他认为孩子就像山上的树条从小弯曲长大后就难以正直，人生“三岁定八十”，胡适自己教育孩子既不溺爱，也不放任，在履行抚养义务的同时注意培养孩子的独立人格。他十分钟爱的儿子祖望，年仅十岁便离开北京去苏州寄读。其目的有三：一使他操练独立生活之能力；二是操练合群之生活；三是使他自己觉得用功的必要。独立不单指孩子具有独立生活的能力，更重要的是强调孩子要有自己独立的人格和社会责任感，“做事要有责任最为重要，做得好是你自己的责任，做得不好也是你自己负责任”。关于合群，他告诫儿子自己做事，“但不可妨碍别人”，“要尽力帮助别人，但是不可帮助别人做坏事”。合群有一个基本规则，就是“时时替别人着想”。关于用功，他激励儿子要学习上进，指出“功课要最优等，品行要最优等，做最上等的人”，“这才是有志气的孩子”。

鲁迅则运用个性解放的思想武器，批判传统家庭教育中的错误做法，提出了自己一套家教思想。针对过去教育中广泛存在的父权家长制，鲁迅愤慨地说：“他们以为父对于子，有绝对的权利和威望。若是老子说话，当然无所不可，儿子有话却在来说之前早已错了。”反对家长把自己的观念任意施加于孩子和任何家庭成员。1911 年，鲁迅在《我们现在怎样做父亲》一文中，批判了封建家庭教育中的“恩威”思想，主张父母应该少一点长者的本位思想与利己主义，多一点义务思想和责任心。他提出家庭教育中首先要理解孩子，因为他们有自己的世界，如不先行理解孩子，一味蛮做，是不利于孩子发展的。鲁迅主张在家庭教育中培养儿童活泼、健康、顽强、挺胸仰面的性格。他在《从孩子照相说起》一文中指出，“中国一般的趋势，只有向驯良之类、静的一方面发展，是培养低眉顺眼唯唯诺诺的人”。他批评过去家庭教育中两种错误的教育方法，一种是放任，一种是严酷。他写道：“中国中流的家庭教孩子大抵两种方法，第一类任其跋扈，一点不管；第二类则终日给以冷遇或训斥”，结果教育出来的“一种是带横暴气味的顽童，一种是只有一副死板板脸相的所谓好孩子”，这都是不利于孩子发展的。民国初年以陈独秀、胡适、鲁迅为代表的新型家庭教育已与传统型家庭教育有着质的不同。

我党早期著名的青年运动领导人恽代英，在大学期间就全面系统地研究了家庭教育。在其大学毕业论文《家庭教育论》中，他认为：“家庭教育是以各种方法，使儿童身心性各方面均完全发达”。由于教育应当负担传播知识，传输职业技术和读书、明理、学圣贤三项任务，因此只有学校的老师是不能完全胜任的。家庭教育具有学校教育所不具备的优势，因为家庭有家长之爱，唯有“爱之甚，才能责之切”，家庭教育起步早就能“用力少而成功大”，“如果年幼受良善之家庭教育，长大与社会接触，亦易有强因之把握，不为恶习熏溺”。家庭教育是在潜移默化中进行的，家庭环境比较单纯，“较少社会恶习之妨害，故其教育易成功”。他主张“教”与“育”，“严”与“慈”结合起来，优势互补相得益彰，这样就能达到好的教育效果。与以往家庭教育忽视儿童个性培养不同，他十分注意儿童的个性塑造，认为“知其气质之偏，知其特短与特长，就可以有针对性地教育，就其特长而助之”。他的《家庭教育论》是第一部用马克思主义观点阐述家庭教育内在规律的理论专著，开创了运用马克思主义理论研究家庭教育的先河。

我发现比较早的一篇讲家庭教育的是林白水 1903 年写的，在一个报纸上连续刊登了上下两期。他讲小孩子要从小教育他懂得伦理道德。什么叫伦理，他认为就是做人二字。怎么做人？第一层叫个人的伦理，即自己的品德、人格个人的伦理。第二层叫家族的伦理，在你家族中和叔叔、阿姨、舅舅等怎么相处。第三层叫社会的伦理，你到社会上要工作，怎么样敬业乐群。第四层是国家的伦理，保家卫国。他把伦理分成了远近，用这个线条的长短，核心的伦理是人，仁者爱人。线条最短的是父母要孝，夫妻要敬，子女要慈，再长一点的兄弟姐妹要悌，朋友要信，国家要忠，对万物要爱惜、节俭，这样简单的一张图就把家庭教育孩子培养的这种关系，涉及伦理的讲清楚了。

最早的一本译著叫作《蒙养镜》，是德国人写的，日本人译成日文，中国人又从日语翻过来，列出了几十条家庭教育的错误，让父母对着这些错误像镜子一样来改正。严复作的序，他说教育不能停在开办学堂、置教科、植示范、将普及上，应该重视最重要最根本的家庭教育，要教育子女，家长要加强自身的修养。这就是家长对孩子直接的影响。人的大脑里面分布有很多组镜像神经元，它能模仿别人的举止言谈，每个人都有，特别是孩子在发展过程当中，爸爸妈妈的一言一行、一举一动都像一个镜子一样照在自己的脑子里，遇到适合的场合，就会表现出来。好的榜样对孩子是件好事，坏榜样同样会印刻在脑子里。

中国最早的一部家庭教育的著作，是朱庆澜1916年在做广东省长的时候写的，书名叫《家庭教育》。到现在还没听说过哪一位省长写过家庭教育的书，好像没有。这位省长他自费出版印刷，送给家长。他认为："中国本是极大极强的国，因何变成这样全无出色的地位？并非国不好，实在是人不好。天生人人都是好的，所以不好的缘故，都由于自小未曾受过好的教育。照此看来，要把中国变强，非把中国的小孩好好教育起来，不把孩子教育好，中国永无翻身的日子。我做广东的省长，就是广东一家的家长，家家的小孩，做省长都应该帮着教育。只是地方太大，功夫来不及。因此，编写了一本《家庭教育》的白话(文)，由我捐献印刷出来，分与大众。大众看了这本书，就同对着省长说家常话一样。人人能照这本书教育子弟，能替国家养成好人民，是国家的大福气，能在家里教成好儿子，就是各家的大福气了。"

《家庭教育论》是革命烈士、共产党人恽代英撰写的文章，发表在上海1917年的《妇女日报》上，这是早期共产党人的家庭教育著作，是代表马克思主义思想的一篇重要文章，很长，将近两万字。我在《中国家教百年》一书中摘选了它，这里面讲了很多很好的家庭教育的道理，但是中间也提出儿童公育，是使每个儿童在他下地以后，便在合宜的场所中，合宜的指导人下面，受教育的训练，才是最根本的教育，亦是最经济的教育！要想教育整个普及于全民，非社会共谋儿童公育的实现不可！这即是说儿童公育才能求得教育的真正普及。这一主张影响到我们新中国以后的家庭教育的一个思潮就是儿童的公育化。

熊翥高先生是国立南京高师东南大学南师附属小学校的教师，他的女儿熊知行五岁三个月，在南师附小上一年级。他在女儿身上试验了一年，破除了家长的疑虑，证明了家庭教育和学校教育可以相得益彰，水乳交融。1923 年 1 月，熊老师将一年的实验过程老老实实记录下来，撰写成书，书名为《家庭教育与学校》，商务印书馆出版发行。其作为家庭教育实验的书，可以说在民国开了先河。最重要的是，他创造了对我们今天仍然有效的一种教学方法。他拿回家一把扇子，女儿说，爸爸我也要一把扇子，熊老师叫女儿自己来做一把，女儿特别高兴。他对女儿说，你先找找诗，看看你的扇子有一面诗歌，你要写哪一首，女儿去翻了一首心爱的诗，叫《蝴蝶歌》。他说扇子这面你画什么，女儿说和爸爸出去看看画什么，两个人到了南京郊区，女儿说我想画这棵树。熊老师带着女儿去买素面的扇子，买扇子的路上遇到小贩，他问小贩卖一天能挣多少钱，他让女儿记住了叔叔一天能赚到的钱，到了扇子店他让女儿挑一把素面扇子，挑完以后他付了钱，然后告诉女儿这把扇子是叔叔两天挣的钱。回到家女儿自己选一种字体，把《蝴蝶歌》写上去，再把郊区看到的树画到扇子上，女儿自己画扇子的过程中涉及这么多的学科。现在常常讲教育上要融合学科，不让幼儿园教写字、计算，但是培养孩子综合性的学科能力，动手制作的能力永远是需要的，永远不过时。所以，我想这本书也是我想重点介绍的，这样一个画扇子的过程是一箭多雕的家庭教育过程。我们不需要买那些特别昂贵的玩具，电子的，遥控的，几百块、几千块，家里买个机器人孩子玩几天就烦了，据说可以英语对话，对不了几天。家长要动脑筋，设计出适合我们孩子的，甚至花很少的钱又进行了各个方面教育的活动。

家庭教育正式进入大学课程，是东南大学陈鹤琴老师写的《家庭教育》。现在我们的大学本专科有家庭教育课程吗？没有。这本教科书是陶行知先生写的序，他说“愿与天下父母共读之”。陈老师的教材也挺有意思，他写了101条教育他孩子的经验。当时的教科书和现在不一样。陶行知创造了小先生教学法，特别适合于家庭教育。他的孩子教他的奶奶识字，美国最新发现孩子学习能够效率最高的是自己把学到的东西教给爸爸妈妈。教给别人，是孩子学习最好的一种方式。

上海开明书店出版的，翻译美国人写的家庭教育，叫《儿童与家庭》。这本书第一次把西方的观点，西方对于教育孩子的人权的观点、人格的观点揭示出来，告诉了中国的爸爸妈妈们。过去中国封建社会的孩子像小奴隶一样，爸爸妈妈说的话绝对是权威，孩子不能有一点反驳，都得完全听从。这本书告诉大家西方文明社会如何尊重孩子，孩子也是有人权的。

有本书是我没有想到的，就是西方最有代表性的心理学家弗洛伊德的学生阿德勒写的《儿童之教育》，我没想到1937年我们就把它翻译过来。虽然他是弗洛伊德的精神分析派，但不全同意他老师的观点，他认为儿童融入社会、对社会的认知度是儿童发展的关键。还有一本书是上海中华书局出版的《儿童教育学》，民国26年1937年出版的第一集，后来又出版了第二集。有个女铎社是杂志社，连续出版了三本儿童教育学，这个杂志社也在上海。所以，我说上海人特别有福气，民国时期几乎家庭教育方面的著作都出自上海，自然应该是全国家庭教育的高地。

在抗战最激烈的日子里即1940年，《家庭教育》这本书出版了。封面的题字是教育部长陈立夫。我再问大家一个问题，我们现在教育部有没有一本全国通用的家庭教育的书？没有。现在各地出版了很多，但是没有一部是教育部主编的家庭教育的教材。这本书我讲课还在用，书中提出了孩子在入学前需要养成的20个好习惯，这20个好习惯为孩子的一生奠定好的基础。今天因时间关系，我就讲十个非常有用的习惯，好习惯是我们给孩子最宝贵的礼物。第一个卫生习惯，18条。第二个快乐习惯，10条。第三个勤勉习惯，5条，旁边的漫画是丰子恺的漫画，盛年不再来。第四个诚信习惯，现在社会市场经济最缺乏的是诚信，你骗我，我骗你，孔子说言而无信，不知其可。第五个仁爱习惯，爱你的爸爸妈妈，爱你的兄弟姐妹，爱你的邻居，爱你的同学，爱你的朋友。第六个有礼貌习惯，写得很细，比如与别人同行时要同步伐。第七个劳动习惯，现在独生子女，尤其上海家庭条件好，常常舍不得孩子劳动、做家务。从小只要他身体有力气，能做的时候就让他做。奥巴马有家庭教育的9个字，一个叫付出爱，这是每个父母都应该有的，爱孩子父母本能；第二叫立规矩，家里面要有规矩；第三个做家务，每周固定做家务挣零花钱，做家务不光是一个养成劳动习惯的问题，是一个发展孩子大脑的问题。十指连着脑，心灵需手巧。从洗菜、炒菜、和面等各种各样的动作都是对孩子心和手最好的训练，所以养成劳动习惯是发展孩子大脑潜能的重要方式。以色列的幼儿园有一间这样的教室，小学也有，叫小小工程师主题教室。我在北京给160个园长讲课，我问你们有没有这样的教室，没有一个人举手。第九条尊重公益习惯。第十条爱国爱群习惯，了解国旗、国歌、国货、名胜古迹等。

新中国的家庭教育大家都经历过的，现在有很多爷爷都经历过，学苏联老大哥，把家庭教育与学校纳入政治的领域。所以，1951年3月即由中央人民政府政务院文化教育委员会印行出版了《家庭与学校》一书，全面介绍了苏联儿童教育方面家庭与学校的理论和经验。里面有一些高尔基、托尔斯泰的家教文章，但是大量的是苏联政治家从政治角度讲家庭教育。这本书至少影响了新中国家庭教育30年，直到改革开放的80年代。

再有就是马卡连柯，他是做少年犯教育，不是真正意义的家庭教育。新中国前20年整体是忽视家庭教育的，中央一位领导人讲，说靠家庭教育不好，儿童教育要由保育人员来培育共产主义思想，孩子生下来交给国家，妈妈坐完月子自己不管了，国家管。这就是儿童公育化的影响。这个头是谁？是康生，康生提出了家庭没必要，所以“文化大革命”的时候，五七干校都是男宿舍、女宿舍，夫妻不能住在一起。中国百年来也潜在着一股儿童公育化思潮的影响。1960年，全国妇联在哈尔滨开会说，把一家一户为单位教育孩子旧传统变为以社会教育为主的保育儿童方针。“文化大革命”时期，革命样板戏里面没有家，只有组织。奶奶不是你的亲奶奶，你爹也不是你的亲爹，看不到家庭的存在，只有仇恨，只有阶级斗争，没有爱情，没有亲情。当时出的一本连环画，现在看起来很有意思，叫《智斗》。爷爷从海外来了，孙女警惕性特别高，每天观察爷爷一会写信了，一会上邮局了，最后向公安局举报爷爷是个间谍，公安局来了把爷爷抓走。

家庭教育的春天是1980年，全国妇联创办了《父母必读》杂志，开始重视爸爸妈妈的教育。北京大学吴天敏教授动员了全国的力量，修订了比奈西蒙智力测验量表，帮助父母们很好地了解孩子，读懂孩子。

2011年6月，国务委员刘延东在《人民日报》上提出家长需要教育培训，用科学的方式对待孩子，2015年习近平总书记讲话之后，教育部发布了《推进家庭教育的指导意见》。我们的状况是什么？有人说家庭教育的春天来了，我说远远没有来，可以说看到了几朵报春的梅花。全国学校教育最受重视，每年有 3.8 万亿元的经费。 社会教育比较浮泛，妇联抓家庭教育，有一点钱，但是它又深入不到学校，家庭教育是最受忽视的，一分钱没有，全国教育经费没有，高校教师 160 万人，专业家庭教育教师不到 20 人，高等教育教材那么多种，家庭教育几乎是零，正式进入高校的本科生教材没有。 全国那么多所高校，没有一所做家庭教育专门训练的家长学校、家长学院或者叫家长大学。

纵贯中国百年家庭教育，可以悟出万变不离其宗的若干特色。

（一）家庭乃儿童生活教育的中心

婴儿呱呱坠地，不识不知，饮食起居全赖父母及他人的辅助，养育保护他，教养他，经过十余年的努力，孩子开始能自立。 考察家庭史、教育史的发展，社会文化尚未大进步之前，人类本来没有特设的教育机构，更没有所谓的学校教育。 人民自幼而壮，自壮而老，其立身处世的学问、见识，大半得益于家庭之中，家庭为古代惟一有效的教育机关，直到学校制度建立，因此家庭教育对人的一生，实实在在具有重大的意义。 儿童没上学以前，终日生活在家庭之中，上学以后，大部分时间还是在家庭之中。 有人统计，一年当中小学生在家时间有 153 天。 家庭的确是儿童生活的中心，当然也是儿童教育的中心。

美国教育家杜威先生曾说：“教育是经验继续不断的改组和改造，这改组是使经验的意义增加，也使后来控制经验的能力增加的。”经验的改组与改造，都是以实际生活为出发点。因此，我们教育儿童，应从家庭日常生活中着手。

（二）家庭教育是初步的基础训练

儿童教育应从早期开始。我国古时就有所谓“胎教”，甚至主张教养提前于婴儿未出生之前。有经验的父母大多能了解几周、十几周的婴儿，已经知道用哭泣的方法，强迫母亲顺从他的意志。因为最初偶尔不慎，管理失当，就容易养成儿童的不良习惯。英国哲学家罗素曾说：“儿童之品行，在六岁入学前，已大致完成。”“根据儿童生理与心理的发展观察，儿童在学前期(即未达学龄的儿童)，是一生发育上学习上的最重要时期。儿童自初生，以至五六岁时，为身体发育最快及生命保养最难的时期，家庭必须有适当的保育，使他营养充足，且具有良好卫生习惯，才能发育成长而达到健康。此时感觉器官发育完成，学习和模仿能力很强，家庭教育应给予儿童适当的感官训练、德性训练，以便养成儿童的基础智识与道德。”

（三）家庭在教育上的优越地位

家庭教育有其特殊的便利，是学校教育所不能比的，我们应特别加以注意：

第一，学校是人为创设的环境，家庭是现实的原生态自然环境。在人为环境中所获的知识，往往不易保持，或不容易产生保持的兴趣；然而对于现实的自然环境中所获得的教育，因其真实，常常自然而然地保持牢固。西方罗马时代，对于国民精神训练，均责成家庭负责，效果很好。

第二，最熟习儿童个性的，莫过于父母，学校教师虽然经过长期的观察，仍不能明了儿童的个性，而父母在日常亲密接触之间，对儿童个性的了解很深刻，最容易因材施教。而且在学校里，教师需要管理几十个儿童，虽然想针对每个孩子训练，往往为时间所限，心有余而力不足。但在家庭之中，父母常能向子女施以个人辅助，随其天资与性情而有的放矢地训练，儿童的进步自然更明显、更迅速。总之，在德、智、体三方面，家庭训练是一个人一生训练的初步。其他像社交、审美、经济等项教育，也都是家庭生活奠定的基础。试就社交一事而言，儿童最初接触的人，为父母兄弟姊妹。假设家庭当中，父母不和，兄弟不睦，则儿童生长其间，难免渐次养成不良的社交观念与社交习惯。社交方面是这样，审美、经济、宗教等方面也都是这样。因此，家庭教育为个人生存世界的基础训练，万万不可轻视、忽视。中国家庭教育有几个特点：第一，中国的百年家庭教育说明家庭是儿童生活教育的中心，学校是人生的一段高铁，家庭才是孩子的中心。第二，家庭是孩子初步的基础训练。第三，家庭在教育上有优越地位的。学校那么多孩子才一个老师，学校是没有时间去因材施教的，家庭是可以的，家长最熟悉孩子的个性。所以，百年家庭教育最精髓的东西就是训练良父贤母，要做父母的教育，教会父母怎么去做一个合格的爸爸妈妈。

提问者 1：家长有一种惯性思维，没有站在孩子的角度考虑问题，这个是我们目前最欠缺的。这个共情是怎么样让自己时刻有这样一个思维在这里？

王大龙：谢谢，提了一个很好的问题。共情有一个前提，为什么你跟孩子不能共情，不能理解他呢？前提是倾听。家庭教育有一个办法叫对孩子要倾听倾听再倾听，你只有倾听孩子你才能够了解孩子，才能读懂孩子，才能了解孩子在想什么。一个爸爸给孩子洗脚，把脚按到脚盆里，孩子说烫，爸爸说不烫，所以共情随时发生，前提是倾听孩子对你说。少对孩子唠叨，孩子最烦的是我们的唠叨，所以我们要多听，多做，少说。

提问者 2：我是一位小学老师，今天听了王老师的讲座，我也发现我在家庭教育当中也犯了很多错误。我也一直在学习，怎样才能有效地学，有针对性地学？

王大龙：关于家庭教育，家长们处在四个阶段。家长开始进入家庭教育进入第一个阶段，我叫他无知的确定性，谁说什么都是对的，回去就做。第二个阶段叫有知的混乱性。第三个阶段叫批判性思维。家长了解了家庭教育的基本规律，就能够分辨一些错误，可以自我选择、自我判断。比如“右脑开发”，学了脑科学知识，知道半个脑开发肯定是错误的，大脑是一个整体，只“讲右脑开发”不就是忽悠家长，骗家长口袋里的钱吗？人生处处都是起跑线，人生是一个马拉松，最后要看终点，不可能什么都是 3 岁。家长就有了批判能力、选择能力。最高阶段是创造性思维阶段。你把学到的东西理解了，经过自己大脑消化了，就能创造出一套最适合于自己这个家的，适合自己这个独一无二的、世界上没有再有第二个宝贝的家庭教育的原则和方法。我们希望家长能够快速越过前三个阶段，进入到最高阶段。这是我们的期待。

后 记

本书是根据上海市妇女联合会、上海社会科学院、新东方教育科技集团、上海图书馆于 2018 年联合主办的“上海市家庭教育高峰讲坛”各位专家的演讲录音整理并经本人审定而成。“上海市家庭教育高峰讲坛”（以下简称讲坛）是面向广大市民的家庭教育系列公益讲座。自 2014 年首次开办以来，讲坛已经连续举办了五届，每届包括十场讲座，邀请国内外家庭教育知名专家学者及社会知名人士开讲。五年来，讲坛一直受到广大市民的热切关注和喜爱，并吸引了一批忠实的听众。为了满足更多市民对家庭教育知识的渴求，延续往年做法，我们将 2018 年讲坛专家演讲内容集结出版，使更多家庭能够从中受益。

本次讲坛的顺利举办得到多方力量的支持。上海社会科学院社会学研究所、上海市家庭教育研究会、新东方教育科技集团上海学校、上海图书馆讲座中心承担了本届讲坛的组织和会务工作；中国福利会少年宫、上海市教科院家庭教育研究与指导中心、上海人民广播电台《海上畅谈》节目对讲坛的举办和宣传提供了大力支持；上观新闻、“教师博雅”微信公众号等媒体及时宣传了讲坛的相关信息并深入报道了专家观点。

上海市妇联副主席刘琪对讲坛的开展提出了建设性意见，

上海家庭教育研究中心主任、上海社科院社会学研究所杨雄研究员负责讲坛的整体策划，上海社科院社会学研究所魏莉莉副研究员负责讲坛的联络及组织协调，上海人民出版社罗俊华女士承担了本书的编辑工作。在此一并表示真诚的感谢！

因本书出版时间较紧，书中难免疏漏与不当之处，敬请读者批评指正。

编　者

2019 年 7 月

图书在版编目(CIP)数据

点亮心灵:家庭教育十人谈/杨雄主编. —上海:
上海人民出版社,2019
ISBN 978-7-208-16070-5

Ⅰ.①点… Ⅱ.①杨… Ⅲ.①家庭教育 Ⅳ.①G78

中国版本图书馆 CIP 数据核字(2019)第 194587 号

责任编辑 罗俊华
封面设计 夏 芳

点亮心灵:家庭教育十人谈
杨 雄 主编

出 版 上海人民出版社
(200001 上海福建中路 193 号)
发 行 上海人民出版社发行中心
印 刷 上海商务联西印刷有限公司
开 本 890×1240 1/32
印 张 8
插 页 4
字 数 155,000
版 次 2019 年 10 月第 1 版
印 次 2019 年 10 月第 1 次印刷
ISBN 978-7-208-16070-5/G·1986
定 价 38.00 元